T0121654

What God Wants You to Know

Written and Edited by
Raúl Ledesma

Order this book online at www.trafford.com
or email orders@trafford.com

Most Trafford titles are also available at major online book retailers.

Printed in Victoria, BC, Canada.

ISBN: 978-1-4269-2632-7 (sc)

Library of Congress Control Number: 2010902470

*Our mission is to efficiently provide the world's finest, most comprehensive book publishing service, enabling every author to experience success.
To find out how to publish your book, your way, and have it available worldwide, visit us online at www.trafford.com*

Trafford rev. 02/24/2010

www.trafford.com

North America & international
toll-free: 1 888 232 4444 (USA & Canada)
phone: 250 383 6864 • fax: 812 355 4082

I dedicate this book to God, my wife Alcira, all the Christians serving God around the world and every single person who will receive Jesus Christ as his/her Lord and Savior through the Holy Spirit and through this book.

"For God so loved the world that he gave his only begotten Son, so that everyone who believes in him will not perish but have eternal life."

John 3:16 NLT

Contents

Chapter Eight

About The Author:

Introduction

This book was not written for theologians, scholars, religious people, nor pastors. It was written in an easy to understand manner, so that if you have never read the Bible, do not understand Christian language, have no idea about God's principles, do not know who God is or that He even exists, you can develop an interest in learning more about Him. Since it is not a religious book, it is not intended to bring you into a religion. The reason for that is that no religion can open the gates of heaven to you; only God can. That is why its main purpose is to bring you into a personal relationship with a Living God, who loves you, and who is waiting patiently for you to come to Him, so you can live an abundant life here on earth, and spend a glorious eternity with Him.

Through the pages of this book, you will learn many basic Bible principles that are clearly explained in detail, so that, regardless of age, sex, social status, educational level, or intelligence, you will be able to understand them and put them into practice immediately. Yes, my friend, it was written especially for you.

This can be a life-changing book, if you read it carefully and apply the principles to your life. As many scriptures are used, it is very helpful if you have a King James Bible with you. However, if you do not yet own a Bible, you will still be able to enjoy the book and learn a lot.

Although you can read the entire book in one day, it is not advisable to do it in such a manner. It is much better to read a principle or two a day, and to meditate on them. God will speak to you through His word. Before starting to read, it is an excellent practice to develop a habit of praying this small prayer: "Father God, in the name of Jesus, help me understand something I have never understood before. Speak to me through this book, through your word, and through the Holy Spirit." No matter how many times you have or have not read the Bible before, God will speak to you in a fresh, new and very personal way.

Chapter One

Who Needs God?

Quite possibly you may be thinking, "I don't need God." The reality may be that you have good employment, money in the bank, several possessions, a good family, many friends and everything this world has to offer. Nevertheless, that is not enough. This life is barely the beginning of eternity. By that I mean, you have eternal life. It does not matter whether you believe it or not, but you have to decide where you are going to spend it. Only two places exist; heaven and hell.

Who needs God? Every single human being needs Him in order to be forgiven of his sins, and to be able to get to heaven. No human being can forgive another his or her sins. It does not matter if someone tells you he can forgive your sins because he is the leader of a church or of a religion. The only entity that has the power to forgive sins is God. (1 John 1:9, Mark 2:7, 1 John 2:12, Ephesians 1:7). Nobody comes to the Father, nor to heaven, except through the Son – Jesus Christ (John 14:6).

All humans sin. It is precisely our sin that separates us from God and converts us into His enemies. In Romans 3:23, the word of God tells us, "For all have sinned and fall short of the glory of God." Unfortunately, my dear reader, this includes you too. Do not allow that scripture to demoralize you, for God found the perfect plan for you to incorporate yourself into His family again. If you continue reading, you will discover how you can get near to God.

Because of God's infinite love, grace and wisdom, He gives you the option of choosing in which one of the two places – heaven or hell – you prefer to spend eternity. No one can decide for you. It is a personal decision. It is quite possible that right now you may know nothing about the Bible, and the only thing you know is what someone has told you. However, by the time you finish reading this book, you will have a good idea as to who God is, what is His will for the world, and what is His will for your life. Then you will be able to make an intelligent and an educated decision about your eternal life.

Which God Should I Choose?

It is very possible that you may want to come close to God. The question may be that you do not know which one is the true god. Throughout the centuries, people have worshiped thousands of gods and goddesses. Some cultures have worshiped snakes, fish, cows, demons, many other things and even other human beings. Nevertheless, even some of the humans who were worshiped died. The only one who died and resurrected was Jesus Christ (Matthew 28:5–8). Therefore, the god of Abraham, Isaac and Israel is the true God (Genesis 12:1–4). He is the Almighty Living God; the one who had no beginning and will have no end. He is the Alpha and the Omega, the beginning and the end (Revelation 1:8).

What Can God Do For You?

God is not Father Noel, Santa Claus nor even a fairy. Those are characters invented by men, products of the imagination, that, in reality, cannot help you. God, on the other hand, has all power and dominion (Ephesians 1:19–22), and He can help you with any problem you may have. It does not matter in what situation you may find yourself in, nor how horrible your conditions may be, God can rescue you, restore you, and even give you the victory you deserve. Therefore, do not give up. Read this book so you can learn how God can open doors to you.

The First Thing You Should Do

The very first thing you should do is seek first the kingdom of God and His righteousness, and then everything else will be added to you

(Matthew 6:33). In Matthew 7:7, Jesus tells us, "Ask, and it will be given to you; seek, and you will find; knock, and it will be opened to you." All you have to do is talk to God as if He were your father, or your best friend. In Philippians 4:6, God's word tells us not to be anxious for anything, but to bring everything up to Him in prayer and supplication. If you bring everything up to God. He will hear you, and will help you. At the beginning, it does not matter if you do not know anything about the Bible or if you do not have any faith. Both of them will come later. In Romans 10:17, the Bible tells us, "So then faith comes by hearing and hearing by the word of God." Therefore, the more you learn the word of God, the more your faith will grow.

The Bible

The Bible is the word of God. It has sixty-six books; thirty-nine of them in the Old Testament, and 27 in the New Testament. They were written in a period of over two thousand years, in different languages, by more than forty prophets, who lived in different places. The first five books were written by Moses, and they have become known as "The Pentateuch." The Bible gives us a historical account of events from the very beginning of the world up to the time and death of Jesus' disciples. However, it is much more than a history book. It is the only book that gives us thousands of prophecies. Many of them have already been fulfilled, some are taking place now, and many more will come to pass throughout eternity.

The authors were inspired and guided by the Holy Spirit. 2 Timothy 3:16–17 states, "All Scripture is given by inspiration of God, and is profitable for doctrine, for reproof, for correction, for instruction in righteousness, that the man of God may be complete, thoroughly equipped for every good work." Peter, who witnessed the miracles that Jesus performed and the prophecies that He gave, explains it this way (2 Peter 1:19–21): "We also have the prophetic word made more sure, which you do well to heed as a light that shines in a dark place, until the day dawns and the morning star rises in your hearts; knowing this first, that no prophecy of scripture is of any private interpretation, for prophecy never came by the will of man, but holy men of God spoke as they were moved by the Holy Spirit."

Since the Bible is the word of God, you cannot pick and choose as you please. You cannot accept the Bible partially. You have two options; one is to accept it as it is written, and the other one is not to accept it at all. Unfortunately, every new generation that comes up becomes more corrupt than the previous one, and it is all done in the name of progress, enlightenment, modernization, lifestyle, freedom, or the right to choose. No matter what name we may give it, it is sin, and sin will always be sin. Unfortunately for some of us who choose which principles of God to obey and which ones to disobey, the entire word of God will be fulfilled (Matthew 5:18). Society may not judge us, but God will (2 Timothy 4:1).

You ought to let the Bible be your guide in your daily living. If you do, at least, five good things will happen to you. One, you will have salvation. Two, you will spend eternity with God. Three, you will do the will of God, not yours. Four, God will be happy with you. Five, you will have a better life here on earth than you would have had otherwise.

God gave every human being free will. That means that you have the right and privilege of deciding what to believe and what not to believe, what to do and what not to do, where to go and where not to go, how to live your life, and where to spend eternity. Now, the fact that you may choose not to believe the Bible or in God does not change the facts, nor the truth. You may say that you will never die, but that does not change the fact that eventually you will die.

Creation

Using common sense, you and I know that nothing can be created from nothing. We know that we need a substance or substances to create something new. It is also true that if we want something to have a specific design, there has to be a designer. Both our universe and every form of life have a specific design. We may call that "intelligent design," and if there is an "intelligent design," there has to be "an intelligent designer." According to the Bible that designer is God.

In order to learn more about creation, you can read the first two chapters of Genesis, which is the first book of the Bible. Thus, you will be able to understand how God created the earth in six days and rested on the seventh. In the next paragraph, by means of scriptures, you will be able to learn that Jesus Christ is the Creator.

The Creator

I can be more specific and tell you that that designer or Creator is Jesus. I know that because the Bible makes that clear in John 1:1–5. "In the beginning was the Word (Jesus), and the Word was with God, and the Word was God. He was in the beginning with God. All things were made through Him, and without Him nothing was made that was made. In Him was life, and the life was the light of men. And the light shines in the darkness, and the darkness did not comprehend it." In Colossians 1:15–16, the Apostle Paul states, "He (Jesus) is the image of the invisible God, the firstborn over all creation. For by Him all things were created that are in heaven and that are on earth, visible and invisible, whether thrones, dominions, principalities, or powers. All things were created through Him and for Him." You and I are included in that declaration.

Engineers, scientists, inventors, artists, carpenters and people, in general, can improve, invent, manufacture, or make many things using existing materials. They can even clone animals and come up with hybrid plants, but they cannot create anything from nothing. Only God can do that (Genesis 1:1). That is why He is called "The Creator" (Isaiah 40:28).

After God had created the heavens and the earth (Genesis 1:1), He created the human race in His own image (Genesis 1:27); male and female. Jesus, of course, is the Creator, and since He created us in His own image, we are people. As a human being, He was the son of Mary, and looked just as any other human being. Therefore, if you want to know what God looks like, just look in the mirror. That is correct! He made you in His own image. He does not look like an ape, nor does He look like a tree or a cloud. He looks like any normal human being.

A Triune God – The Divine Trinity

God is a triune God. That means that He is one, but He manifests Himself in three different ways. The three manifestations are: God the Father, the Lord Jesus, and the Holy Spirit. God is just a title, so the Father is God, Jesus Christ is God and the Holy Spirit is God. You may understand this better by thinking of a rope. It has three twisted strands that make up one rope. Another example could be water. In its normal stage it is liquid, but it can be frozen or vaporized. Thus, it has three different manifestations.

Since it is true that God made us in His own image (Genesis 1:26–27), then there must be three components to our lives. Those three parts are: Spirit, soul and body. Yes, you have all three just like God. Your body corresponds to Jesus, your spirit to the Holy Spirit, and your soul to God the Father.

When you die, your body will stay here, but your spirit and soul will either go to heaven or to hell. Unfortunately, there is nothing in between. Once, you are dead, there is nothing you or anybody else can do to change your venue. You will spend eternity in your designated place. The good thing about it is that you can actually choose where you will spend eternity. If you receive Jesus as your Lord and Savior, you will go to heaven, and if you do not, you will spend some time in hell and eternity in the lake of fire. The choice is yours.

God the Father is in heaven at His throne, and Jesus is at His right hand (Romans 8:34, Hebrews 10:12, Colossians 3:1, Acts 7:55, Mark 14:62, Hebrews 1:13 and Psalm 110:1). The Holy Spirit, of course, is here on earth (John 14:26, 15:16, 16:7–11). Being that all three are really God, they work in perfect unison, harmony, and agreement. Since both Father God and Jesus are in heaven, the one doing the miracles here on earth is the Holy Spirit.

The Garden of Eden

Here on earth, God (Jesus the Creator) created a beautiful place (Genesis 2:8–10) called "The Garden of Eden." Then, He put Adam and Eve there, so they would tend and keep it (Genesis 2:15). God wanted to fill the earth with his children (Genesis 1:28 & 9:1), so He gave Eve to Adam as a wife. Since the earth was blessed by God, it was like paradise. It was God's intent for the human race to be His family. He wanted to be our Father and to have an intimate relationship with each one of us, such as He had with Adam and Eve at the beginning (Genesis 3:8–9). God has not changed, He still wants to have an intimate relationship with you.

If Adam and Eve had been obedient to God (Genesis 2:15–17), sin would not have entered the world, but since they disobeyed (Genesis 3:1–7), sin came into existence. If sin had not come into this world, there would be no death, sickness, hardships and no worries. If you are in the middle of a storm, do not blame your luck, destiny, nor God; blame Adam and Eve. Because of their disobedience, God cursed this planet (Genesis 3:16–19). That curse will not be removed until the second coming of Jesus Christ (Revelation 22:7 & Matthew 24:3–14).

Chapter Two

God's Will

For God everything is possible (Mark 10:27), but one thing that is not possible for Him is to change (Hebrews 13:8). It is not God's will for you to go to hell where there will be much suffering (Matthew 7:19, John 15:6, Matthew 8:12), but rather for you to repent so you may be saved (2 Peter 3:9). From the very beginning it was, it is, and it will always be His will for you to live an abundant life (John 10:10). Unfortunately, because He gave you free will (the right to choose whatever you want to do), you have discarded His, have fallen into sin, and have become separated from God. That is why you have to repent, ask Him to forgive you, and ask Him to help you.

Our Father's desire is for you to love Him with all your heart, soul and mind (Matthew 22:37). He also wants you to love your neighbor the way you love yourself (Matthew 22:39). Who is your neighbor? It can be any person, without regards to sex, age, religion, social standing, race, educational degrees, nor anything else. In order to understand this concept better, you may read Luke 10:29–37, "The Parable Of The Good Samaritan."

Its is the will of God for you to give fruit. That is fine, but what does it mean to give fruit? It simply means for you to do good works in the name of Jesus Christ. There are several ways in which you can help the needy. Of course, the most important thing is to tell them about Jesus so they too can spend eternity with God, and not in the lake of fire with the Devil and his demons.

God's Condemnation

God's condemnation came to us because of Adam and Eve. Through their sin came separation. Yes, we became separated from our God who wanted and still wants to have an intimate relationship with each one of us. However, the only way we can have access to His kingdom, His throne, and His person is through His Son (John 14:6). That is the reason why if you want salvation, you have to accept Jesus Christ as your Lord and Savior. When you do it, in essence, you are born again and become God's child. When you become His child, you are no longer under condemnation, but under grace. Grace allows you to receive unmerited favor from God. Of course, the biggest benefit for you is salvation. That means that you will be spending eternity with God, and not with the Devil in the lake of fire.

God's Purpose For Your Life

Many people spend a lifetime trying to find a purpose for their lives, and unfortunately they never find it. The reason for that is simple; they are looking in the wrong places. If you are looking for the purpose for your life, you will find it in the word of God. He wants you to love Him with all your heart, soul, and mind (Matthew 22:37). He also wants you to love others as you love yourself (Matthew 22:39).

Of course, if you love God the way He wants you to do, and if you love others as much as you love yourself, then willingly you will start doing the will of God. Since Jesus is not physically present, He wants you to represent Him, and to do what he would do if He were here. If He were here, He would be doing the will of the Father (John 5:30). The will of the Father and that of Jesus Christ is one and the same, and that is that no one should perish, but come into repentance, in order to have eternal life (2 Peter 3:9).

God wants you to take His word to as many people as possible, so they too may have salvation. Now, you may say, "I don't know the word of God well enough to teach it to others." You don't have to. You may start by sharing this book with others, and by inviting them to your local church, once you have found a good one.

Every church has its own personality. The best thing for you to do is to visit several born-again Christian churches until you find the one where you feel comfortable, welcome, at home, and where the word of God is taught directly from the Bible. You do not need the pastor's personal views or opinions. The Bible represents God, and the principles that are there come directly from Him.

A New Beginning

Inasmuch as Adam and Eve have already sinned, disobeyed God and gone to the hereafter, are you doomed to live a defeated life? Not at all! Remember that every day is the first day of the rest of your life. In John 10:10, Jesus tells us that He wants us to have life in abundance. That, of course, is only for God's children, and you cannot be His child, unless you have accepted His Son as your Lord and Savior. Do not wait too long before you do it, because you never know when you will die.

The first step to eternal life with God is to accept Jesus Christ as your Lord and Savior. If you have never ever done it, this is the perfect time to do it. However, if you do not fully understand it yet, wait until you finish reading this book, and by then you will be ready for sure. If you are ready now, read the following prayer, and when you truly understand it, say it to God aloud. "Father God, in the name of Jesus, I repent of all my sins. I ask you to forgive me. Let your Holy Spirit live in me and guide me, so I can do your will on a daily basis. I ask all this through your Son Jesus. Amen."

You Will Not Be Saved By Your Works

Many people think that they will be saved by their works. In other words, they have done many good deeds, so they feel that God is going to weigh them on a scale, and the good ones will outweigh the bad ones. Therefore, the gates of heaven will be automatically opened to them.

Nothing could be further from the truth. Do not fall into that trap. We are not justified by our works, but by our faith in Jesus Christ (Galatians 2:16). Many nice people, including philanthropists who have financed many humanitarian projects, will wind up in hell. That is because the only way to heaven is through Jesus Christ (John 14:6), not by works. Let's hope it has been made very clear to you that by your good works you will not get to heaven.

Only The Shedding Of Blood Redeems Sin

Why do you have to accept Jesus as your Lord and Savior? That is a million-dollar question that deserves a million-dollar answer. The reason is that all of us have sinned and fall short of the glory of God (Romans 3:23). From the very beginning God required a blood sacrifice to cover sin. The Bible tells us that without the shedding of blood, there is no remission of sin (Hebrews 9:22). When Jesus shed His blood on the cross over two thousand years ago, all your sins were forgiven. That is because He is the only one who can take away the sins of the world (John 1:29).

Is the shedding of blood biblical? Of course! When Adam and Eve sinned in the Garden of Eden, God killed an animal, made tunics of skin from it, and clothed them (Genesis 3:21). The tunics of skin covered their bodies and the blood from the sacrificed animal covered their sin. Their oldest sons were Cain and Abel. When they became men, both of them brought an offering to God (Genesis 4:1–4). God accepted Abel's offering, but not Cain's (Genesis 4:5).

Our logical mind would probably tell us that God was not fair. After all, why did He accept Abel's offering and not Cain's? It was simply because Abel offered Him a blood sacrifice and that is what God required at that time. Cain offered Him fruit of the ground and God was not asking for that. Remember that God's promises are conditional and Cain did not fulfill the conditions. He was trying to establish his own rules. Nothing has changed. Some of us want God to be our Lord, but only if He pleases us.

If you read throughout the Old Testament, you will discover that the prophets and the priests always offered animal sacrifices to the Lord to cover the sins of the Israelites. They did that quite often. Those sacrificial lambs and other animals were pointing the way to the future to the Sacrificial Lamb of God - Jesus Christ. He shed His blood once, so we would not have to shed ours, kill animals, or spend eternity separated from God.

Many of the primitive cultures in the world shed animal and human blood as an offering to their gods. The Aztec Indians of Mexico used to offer human sacrifices to their god. There are Cubans in Cuba and in Florida who are still killing animals and draining their blood. That practice is called santería (son-teh-ddy-ah). Only God knows what other rituals may be taking place around the world.

Chapter Three

Obedience Or Disobedience

Many people, for whatever the reason, think that God wants sacrifices. Nothing could be further from the truth. He wants obedience, not sacrifice (1 Samuel 15:22). How can you know what to obey and what to disobey? You are to obey the word of God and disobey anything that goes against it (Acts 5:29). In other words, when society tells you to do something that goes against the word of God, you are to obey God and not society. The opposite of this is also true. When society tells you that you cannot do something that God wants you to do, you are to do it, regardless of the pressure or consequences you may encounter.

For many people, "peer pressure" is a gigantic obstacle in doing the will of God. It affects adolescents tremendously because they want to feel accepted by their peers. Because of that they are an easy prey for using offensive language, dressing ridiculously, listening to satanic music, disobeying their parents and teachers, drinking, smoking, using drugs, and even committing suicide. Unfortunately, it does not end with the teen-agers. Many adults are victims of "doing whatever everyone else is doing." Be very careful! Follow God, and not the herd.

With the passing of decades, generations and centuries, the world societies become more corrupt, wicked, permissive, and licentious. For example, American society may say it is okay for young girls to have abortions, but the Bible tells us that it is wrong. In some states, the teachers in the middle schools are already teaching about sex and are providing the students with condoms. Some cities, states, and countries are passing legislation allowing same-sex marriages, but God totally condemns it (Romans 1:26–32). In some American cities the divorce rate is higher than the marriage rate. Why? Because it is a well-accepted practice in our society. Some people have been married two, three, four, five times, or more.

God's Blessings Or His Curses

Due to your actions, you can receive God's blessings or His curses. The good thing is that you have the option of receiving one or the other. It has to do with whether you obey or disobey Him. If you want His blessings, just do His will, and if you want His curses, simply go against God's will in whatever you do.

God is anxiously waiting for you to do His will, so He can bless you. One way you can do His will is by tithing. Tithing is simply for you to give God, through the church where you receive His word, ten per cent of everything you earn. In Malachi 3:8, the word of God says, "Will a man rob God? Yet you have robbed Me! But you say, 'In what way have we robbed You?' In tithes and offerings." If you are not tithing, God considers you a thief. However, if you tithe, He will bless you. In Malachi 3:10, God says, "Bring all the tithes into the storehouse (church), that there may be food in my house, and prove Me now in this. I will open for you the windows of heaven, and pour out for you such a blessing that there will not be room enough to receive it."

When you tithe or give an offering, do not give grudgingly, because you feel guilty, unwillingly, or because you are expected to do so. Give from your heart. God will bless you because He loves a cheerful giver (2 Corinthians 9:7). In this way, you will be fulfilling God's two greatest commandments. Jesus Himself gave them to us in Matthew 22:37–39: "You shall love the Lord your God with all your heart, with all your soul, and with all your mind. This is the first and greatest commandment, and the second one is like it: You shall love your neighbor as yourself."

You may say, "I don't know God's will in most situations." You are probably correct, and especially if you have not read the Bible. If you read the Bible, however, His will will become extremely clear to you. Most Bibles have a table of contents and an index. For example, if you have a problem with hatred, love, sex, adultery, fornication, fear, and so on, look it up in the index and it will tell you where you can find scriptures on the Bible referring to that topic. This will shed some light on your problem and will help you solve it God's way. Jesus not only has the answer to your problems, He is the answer.

God Is Impartial

God is always impartial (Acts 10:34 and Romans 2:11). His rules, principles, and laws transcend time, borders, cultures, social status, educational level and everything else. They do not change. They apply to everyone equally, regardless of sex, age, religion, or any other factor. Supposing you have a unique problem, and you cannot find anything on the index or table of contents, go straight to God. Ask the Father to give you a sign. Many people will tell you that that should not be done. However, Gideon asked God twice, and God gave him a sign both times (Judges 6:36–40). If God is indeed the same yesterday, today and forever (Hebrews 13:8), He will give you a sign just as He did for Gideon. However, you have to make sure that you are hearing God, and not your mind or your wishful thinking. Do not abuse this privilege. Only use it when it is an absolute necessity.

The Jews First

No matter how we shuffle it, how we turn it, how we slice it, or how we look at it, salvation came first to the Jewish people (John 4:22). Everything that comes from God, comes first to the Jews. It comes first to them because they are His chosen people. In 1 Peter 2:9, referring to the Jewish people, the Bible says, "But you are a chosen generation, a royal priesthood, a holy nation, His (God's) own special people, that you may proclaim the praises of Him who called you out of darkness into His marvelous light." After the Jewish people rejected Jesus, salvation came to the Gentiles. A Gentile is anyone who is not Jewish. If you are not Jewish, you are a Gentile.

Because the Jewish people are God's chosen people, the Devil has tried time and time again to completely destroy them. Hitler was the last one who really tried to exterminate the Jewish race. However, Iran, the Palestinians, and a few other Muslim countries would like to obliterate them from the face of the earth. They will never be able to do it because God will continue to protect them.

Of course, a logical question you may have is: "If the Jewish people are God's chosen, why have they suffered so much?" As we stated before, the Devil is desperately trying to completely erase any memory of their existence. There is another reason why they have suffered so much. Most of them have never ever accepted Jesus Christ as the Messiah. They waited for thousands of years for their Messiah to arrive, and when he did, they did not recognize him. Needless to say, I am referring to Jesus Christ. John 1:10–11 explains it this way: "He (Jesus) was in the world, and the world was made through Him, and the world did not know Him. He came to His own (the Jewish people), and His own did not receive Him." Remember that nobody (not even the Jewish people) comes to the Father, but through the Son (John 14:6). If you accept Him, He will accept you.

It rains On The Just And The Unjust

God makes the sun rise on the evil person as well as on the good one, and He sends rain on the just and the unjust (Matthew 5:45). That really means that some of us, who are trying to live a righteous life, many times pay for the sins of others. In other words, God sends judgment to a certain area because of the wickedness of the people living there, and the innocent bystanders also pay the price. Two prime examples would be Lot's sons-in-law in Sodom and Gomorrah and the children who drowned during the flood during Noah's time. Of course, in many instances, you have the privilege of choosing where you are going to live, or where you choose to be at a particular time. Nevertheless, disaster can strike anyone, anywhere at anytime. That is why it is so important for you to pray before deciding where to live, where to work, or where to go at all times. On a daily basis, you should ask God to protect you before you start your day.

Because it rains on the just and the unjust, you can begin to understand why bad things happen to good people. There are other reasons, such as that person paying for the sins of his forefathers (Exodus

20:5), or falling prey to generational or territorial curses, which will be explained later on in this book. God is sovereign, and because His ways are higher than ours (Isaiah 55:9), He allows certain things to happen, which you may not understand.

There are no such places as "limbo," or "purgatory." When a Christian dies, he or she goes immediately to be with the Father (2 Corinthians 5:6–8). That means that if a Christian's life is cut short, for whatever the reason, he or she is actually better off, because in heaven there is no more death nor sorrow (Revelation 21:4). That person will actually experience inexplicable and inexpressible joy. Therefore, do not be afraid of death. If you are a Christian, you will be better off with God than here on this planet.

All children, who die before the age of accountability, will go to heaven because they are totally innocent. In Matthew 19:14, Jesus said, "Let the little children come to Me, and do not forbid them; for of such is the kingdom of heaven." Consequently, if you have lost a child, and you remain in your salvation, you will be reunited with him or her when you get to heaven. You will also be with your loved ones who died before you, but who remained in Christ until the end.

Chapter Four

God Loves You Beyond Compare

Man will never understand how much God loves him. In John 3:16, the Bible tells us, "For God so loved the world that He gave His only begotten Son, that whoever believes in Him should not perish but have everlasting life." In Romans 5:8, the Word of God says, "But God demonstrates His own love toward us, in that while we were still sinners, Christ died for us." John 15:13 tells us, "Greater love has no one than this, than to lay down one's life for his friends." You and I do not deserve it, but through God's scriptures we can see how much He loves us. Yes, He loves you beyond compare. Receive that love and rejoice.

You Cannot Come To The Father, Except Through Jesus

There is a proper protocol to come to God. We come to Him in humbleness, in meekness, in love, and in the name of Jesus. No one comes to the Father, except through Jesus (John 14:6), and whatever you ask the Father in the name of Jesus, the Father will give you (John 15:16). Of course, it has to be something reasonable. Do not ask God to allow you to rob a bank, leave your wife and children, or to do anything that totally goes against His will. Do not try to manipulate the word of God, as many people do.

Many people's prayers are not answered because God wants to provide for their needs, but not necessarily for them to indulge in extravagance. James, the Lord's brother, explains it this way on James 4:3, "You ask and do not receive, because you ask amiss, that you may spend it on your pleasures." God will provide for your needs; not necessarily for your pleasures or desires. He also knows the future, and what may seem good to you today, may become a nightmare tomorrow. He wants you to grow in certain areas, and if He were to permit you to have certain things at a specific time, you would not grow spiritually, mentally, psychologically, nor emotionally. He is concerned with all your well-being. He wants you to grow and succeed in every area of your life.

Let us say you are in quandary whether to accept a supposed opportunity or not. If someone puts pressure on you to accept it immediately, it probably is not from God. This is the way you should pray: "Father God, in the name of your Son Jesus, if this is a real opportunity for me, and it is within your will, please open all the doors for me, and give me a sign that I will recognize as coming from You. If it is not within your will, please close all the doors, so that I will not be able to receive it, although it may look like a great opportunity. Amen." If the opportunity is from God, it will come to you easily and automatically. If it is not from God, it will disappear very fast.

Let us assume you need a spouse. Do not go to bars, quit looking everywhere you go, and do not despair. Pray to God, and ask Him to help you make a list of the qualities you would want your spouse to possess. After you have prayed, and thought about it carefully, make a list of those qualities. Now, on a daily basis, pray to God to bring that person into your life. If you have good friends, ask them to pray it every day as well. God tells us in His word that if two of us agree concerning anything that we ask, it will be done for us by our Father (Matthew 18:19). He also tells us that wherever two, three or more are gathered in the name of Jesus that He is in the midst of us (Matthew 18:20). You and your friend or friends do not necessarily have to be gathered physically in a place. You can pray together over the telephone, by e-mail or by other means available to you.

Pray over your petition every day until God performs the miracle. After God has done the miracle, thank Him for the rest of your life. Do not forget to give testimony, so that God can receive the glory, and so that others who are in need of a miracle may grow in faith, so they can receive their own. Remember that faith comes by hearing, and hearing by the word of God (Romans 10:17).

Repentance

We have discussed that nobody comes to the Father, except though the Son (John 14:6). I neglected to mention that it has to be in sincerity. You have to repent first of all your sins because without repentance there is no salvation. Repentance is a condition to receive His blessings. The Apostle Peter states it like this (2Peter 3:9): "The Lord is not slack concerning His promise, as some count slackness, but is longsuffering toward us, not willing that any should perish, but that all should come to repentance." God is waiting for you to repent and ask Him for forgiveness. If you do, He will not only give you salvation, but He will forgive and heal you completely (Psalm 103:3).

Why Is It So Important For Me To Repent Now?

The question you may ask me is, "Why is it so important for me to repent now and receive Jesus Christ as my Lord and Savior?" The answer is easy; only through Him can you get to heaven and have eternal life, and because you do not know when you are going to die, the most logical thing is to do it as soon as possible. We do not want to wish you anything bad, but in the next five minutes you could go to the other side of life. You may be young in good health, but an accident can occur. You could die through an act of violence, or you could receive a virus, or a rare disease that could take you to a premature death. Let's hope that none of that happens, but if it does after you have asked God for forgiveness, have received Jesus Christ as your Lord and Savior, you will go immediately to heaven to spend eternity there. It is your decision. God does not force anyone. Although He is Almighty, He is pure love, and He just wants to bring you happiness.

You Can Come To God As You Are

One of the lies the Devil uses to keep you from coming to God is that you cannot come to Him unless you are squeaky clean. That is why many people say, "I cannot come to God until I clean myself up." In most cases that will never happen because people do not have that ability. Only God can clean you. If you could clean yourself, you would probably have done it years ago. If you could clean yourself, it would not have been necessary for Jesus to come to this world, much less die that horrible death on the cross. God is the only one who can clean you of all the filth you may have accumulated. But you know what? He can make you whiter than white and cleaner than clean.

Jesus Christ came into the world to save sinners (1 Timothy 1:15) and not saints. In Matthew 9:12–13, Jesus said: "Those who are well have no need of a physician, but those who are sick. But go and learn what this means: I desire mercy and not sacrifice. For I did not come to call the righteous, but the sinners to repentance." In the Parable of the Lost Son (Luke 15:11–32), Jesus tells us of a son who fell into horrible sin, squandered all his inheritance, dropped into the level of eating with the pigs, but then he came into his senses, went back to his father, and the latter greeted him with open arms. The prodigal son is you, and his father is God. That is right!! The Father is waiting with outstretched arms ready to receive you.

All you need to do to enter God's kingdom is repent, ask God for forgiveness and receive Jesus Christ as your Lord and Savior. God will do the rest. If you are deep into drugs, sex, crime, or anything else, all you have to do is come to God in humility, sincerity, truth and give your life to Him. You do not even need tons and tons of faith. You just need a little bit of faith as a mustard seed (Matthew 17:20). By the way, that seed is very tiny. With Him all things are possible (Mark 10:27). He has the power to transform you and make you a new creation (2 Corinthians 5:17).

You Must Be Born Again

In John 3:3, Jesus told Nicodemus, "Most assuredly, I say to you, unless one is born again, he cannot see the kingdom of God." Born again means receiving Jesus Christ in your heart as your Lord and Savior. That is why Jesus said in John 3:18, "He who believes in Him (Jesus) is not condemned; but he who does not believe is condemned already, because he has not believed in the name of the only begotten Son of God." Then in Romans 10:9, the word of God tells us, "If you confess with your mouth the Lord Jesus and believe in your heart that God has raised Him from the dead, you will be saved." The promise of salvation – living with God eternally – is God's wonderful promise to you, but as all His promises do, it has conditions. The three conditions are that you repent, confess with your mouth that Jesus Christ is your Lord, and that you believe in your heart that God raised Him from the dead

The Sinner's Prayer

God, in His word, makes it very clear that you must repent, believe in your heart, and confess with your mouth that Jesus Christ is Lord. Therefore, if you have been in religion, or in your own world, but have never received Jesus in your heart, it is time to do it now, so all your sins can be forgiven and you can have salvation. Read the following prayer slowly, and when you truly understand it, say it to God from the bottom of your heart. "Father God, in the name of your Son Jesus, I repent of all my sins. I ask You to forgive me, to wash my sins away with the blood of the Lamb, to live in me, to give me eternal life with You, and to guide me through the Holy Spirit so I can do your will. Thank You, Father. Amen." Congratulations!! You are now a son or daughter of God.

Chapter Five

The Lamb's Book Of Life

There are books in heaven (Revelation 20:12), and everything that you do is written there. The most important book (Revelation 21:27) is "The Lamb's Book Of Life." If your name is not written in it, you cannot enter the kingdom of God. It has nothing to do with how nice you have been, how much you have accomplished, how much you have served in a church or sect, or how much you know about the Bible; it has everything to do with Jesus dying on the cross for your sins, with your repentance, and with you accepting Jesus as your Lord and Savior. Your name will be written in "The Lamb's Book Of Life" when you receive Jesus as your Lord and Savior. Is your name already written in God's book?

You Must Stay Attached To The Vine

Some preachers preach "Once saved, always saved." It sounds good, but it is not true. In other words, according to them, once you have received Jesus in your heart, you can do as you please because you will wind up in heaven no matter what you do. That is one of the ways the Devil deceives people. Do not fall into that deception.

In John 15:5–6, Jesus said, "I am the vine, you are the branches. He who abides in Me, and I in him, bears much fruit; for without Me you can do nothing. If anyone does not abide in Me, he is cast out as a branch and is withered; and they gather them and throw them into the fire, and they are burned." If you let that branch be you, you will be thrown and burned in the fire.

Apart from Jesus, you cannot do anything worthwhile, and you will be cast out into the fire. That fire is hell. Of course, if you stay attached to the vine, which really means stay close to God, you will not burn in hell or in the lake of fire. Instead, you will be with God eternally. That is a promise and God always keeps His word if you do your part.

What Religion Does God Want You To Follow?

According to The Oxford Dictionary And Thesaurus a religion is: "The belief in a superhuman controlling power, especially in a personal God or gods entitled to obedience and worship." This definition, of course, is incorrect. It is flawed because it says that "a personal God or gods are entitled to obedience and worship." If we look at the history of the world, we will find out that man has worshiped anything from animals to the sun and the moon. Certainly, a crocodile, a snake, the sun, or the moon are not divine, and are not entitled to be worshiped nor to be obeyed, but the people who worshiped and obeyed them did not know that. Anybody who is worshiping anything other than the God of Abraham, Isaac and Jacob is practicing idolatry and will wind up in hell (Exodus 20:3–5) if he does not repent.

God did not invent religion, man did. The reason for that is that every religion has a set of rules imposed by man on its followers, while God wants us to have a personal relationship with Him. When Jesus chose His disciples, He just told them, "Follow Me." (Matthew 9:9, 4:19, Mark 8:34, John 12:26). He did not tell them to follow religion nor to follow man. No religion will open up the pearly gates to you, but Jesus will. Don't follow religion; follow God!!

Baptism

The purpose of baptism is for you to identify yourself with Christ. That means that your sins were buried with Him, and as He resurrected, you should walk in a newness of life (Romans 6:4) free from sin. You should no longer be a slave of sin (Romans 6:6), but a child of light. Our Father calls you to have one Lord, one faith, and one baptism (Ephesians 4:5).

One of the reasons to be baptized is to receive the gift of the Holy Spirit (Acts 2:38). That way, you will be able to live a triumphant life.

Jesus came to John the Baptist at the Jordan River, so John could baptize Him (Matthew 3:13–15). As we well know, Jesus lived a sinless life. He was not baptized to be cleansed from sin, nor to receive salvation. He was baptized to leave you an example and to have communion with His Father and with the Holy Spirit.

Lately, some pastors are teaching that we should be baptized only in the name of Jesus. However, Jesus Himself in Matthew 28:19–20 told His disciples, "Go, therefore and make disciples of all the nations, baptizing them in the name of the Father and of the Son and of the Holy Spirit, teaching them to observe all things that I have commanded you; and lo, I am with you always, even to the end of the age." Therefore, I strongly recommend that you follow what Jesus wants you to do, and not what some pastor might say. The word of God is always the final word.

There are some churches that sprinkle a few drops of water on a baby's head and say that he has been baptized. That is not the case. He has not been baptized; he has been presented to the Lord, which is good, but it is not a baptism. There are two good reasons for me saying that. Number one, in the Bible days, the people being baptized were fully immersed in water. That meant that as their whole body was under water, all the sin was left there, and when they came out, they were totally cleansed from sin. Number two, the people who were baptized were old enough to know the purpose of the baptism.

If a person has received the Lord Jesus Christ as his Lord and Savior and has remained in Him, but has not been baptized when he dies, he will go to heaven. It is not an absolute necessity that a person should get baptized immediately upon becoming a Christian. Only you know when you are spiritually, mentally, psychologically and physically ready to be baptized. There is no magic formula. However, if you have been a Christian for six months or more, you should definitely consider making the commitment of being baptized.

Communion - The Lord's Supper

According to the Oxford Dictionary and Thesaurus, Holy Communion is: "Fellowship, especially between branches of the Catholic Church, and a body or group within the Christian faith." That definition is very limited because it does not explain why the group comes together, or what Holy Communion really is.

To truly understand Holy Communion, you have to go back in time over two thousand years to the Last Supper that Jesus had with His disciples. This is what Jesus Himself did and said (Luke 22:19–20): "And He took bread, gave thanks and broke it, and gave it to them (Disciples) saying, 'This is My body which is given for you; do this in remembrance of Me.' Likewise He also took the cup after supper, saying, 'This cup is the new covenant in My blood, which is shed for you.'"

Therefore, every time a body of believers meets, in obedience to Jesus Christ, Holy Communion should be celebrated. Jesus said: "... do this in remembrance of Me." What you should remember and never ever forget is that He suffered sacrifice, was crucified, died on the cross, and resurrected, so you would not have to pay for your sins.

You were dead to God because of your sins and trespasses (Ephesians 2:1), but Jesus paid the price, so you would not have to spend eternity in the lake of fire separated from God. Any person who has not received Jesus Christ as his Lord and Savior is actually an enemy of God and is dead to Him, but by accepting Jesus' blood and believing in Him, he becomes reconciled to God and receives salvation (Romans 5:9–11).

Our Lord Jesus Christ received corporal punishment and shed His blood on His way to the cross and on the cross itself. The bread, of course, represents Jesus' body and the juice the blood that He shed for you. If, for whatever the reason, a church is not offering its members the opportunity to participate in Holy Communion, or is only doing it once every six months or so, it is your duty, as an obedient Christian, to let the pastor know that Jesus wants the church to participate in communion.

Holy Communion is not just restricted to the local church, you can do it at home with your family, or by yourself. You should do it as often as possible.

Holy Communion is sacred, and should not be done, unless you feel completely free to do it. In other words, if you have hatred in your heart, have not forgiven someone, or are deep into sin, it is better not to participate in it. You should rid yourself of anything that is separating you from our God before participating in Holy Communion.

God's Promises Are Always Conditional

The Bible is an historical book full of promises, prophecies and information that allow you to know God, so you can follow His guidelines as to how He wants you to live your life. His promises, whether positive or negative, are conditional. His most important promise is that of salvation. The condition is that you receive Jesus Christ as your Lord and Savior. In 2 Chronicles 7:14, God promises to heal our land. The conditions are that we humble ourselves, pray, seek God's face, and turn from our wicked ways. In Matthew 7:7–8, Jesus tells us, "Ask, and it will be given to you; seek, and you will find; knock, and it will be opened to you. For everyone who asks receives, and he who seeks finds, and to him who knocks it will be opened." Jesus Himself states the conditions you have to meet and the final outcome if you act accordingly. In most cases, the Bible interprets itself.

I could give you many more examples of how you can receive God's promises by meeting His conditions, but I think by now you are beginning to understand that principle quite clear. Nevertheless, I will give you just one more example. It comes from Malachi 3:10: "Bring me all the tithes into the storehouse, that there may be food in my house, and prove Me now in this," says the Lord of hosts, "If I will not open for you the windows of heaven and pour out for you such blessing that there will not be room enough to receive it." The condition for you to receive God's abundant blessings is for you to tithe.

Now, you may not know what tithing is. It is simply giving God ten percent of your income. God does not really need your money, but the church where you receive the word of God does, and that church represents God. The church needs the money to pay rent, buy the building, pay the pastor and staff, etc.. As we say, "The word of God is free, but it takes money to take it to the public." An offering is money that you may give above and beyond your tithing. It could be used for special projects, or be given to a different ministry, such as a missionary or an evangelist. God requires the tithes, but the offerings are entirely optional.

Tithing is not just done to receive God's blessings, but also to be obedient to God. In Malachi 3:8–9, God says, "Will a man rob God? Yet you have robbed Me! But you say, 'In what way have we robbed you?' In tithes and offerings." The conditions for you not to rob God and to receive His blessings are for you to tithe and give offerings. You can start doing that.

A logical question you may have is, "If I am having a difficult time supporting myself or my family with one hundred per cent of what I am paid, how can I do it if I give ten per cent to the church?" In the natural, of course, it would be impossible. God, however, works in the spiritual. That is why some people say, "He works in mysterious ways." What He does is stretch your money, so that the ninety per cent that you have left will go just as far as the hundred per cent. Many times it actually goes further.

When you tithe, you not only find favor with God, but also with people. God may cause… your boss to give you a raise, a decrease in your mortgage payment, someone to give you an automobile, your son or daughter to receive a scholarship, etc.. The possibilities are endless in the way God can bless you if you tithe and obey His principles.

Man Is Limited, But Not God

Science has come a long way, but there are many things that man cannot do, but God can. A miracle then is something that man cannot do because he has limited knowledge and abilities. However, God has no limitations at all. There is absolutely nothing that He cannot do. Therefore, no matter what your problem or problems may be, God not only has the solution, He is the solution.

Chapter Six

Faith

Whatever your problem may be, come to God in faith. What is faith? In Hebrews 11:1, the Bible describes it as: "The substance of things hoped for, the evidence of things not seen." It is not something intangible, it is very tangible. That is why the Bible tells us that it is a substance, and the evidence of what we are waiting for. The Bible also tells us in Hebrews 11:6, "Without faith it is impossible to please God, for he who comes to Him must believe that He is, and that He is a rewarder of those who diligently seek Him." Do not be afraid nor reluctant to ask God to bless you. More than anything, He wants you to draw close to Him, so He can bless you.

Your level of faith has to rise to the same level as the problem, or higher. You see, God does not react to your problem or problems. He reacts to your prayer and supplication when they are done in faith (Philippians 4:6 & Ephesians 6:18). Let me make my point clear. If God were to act according to the needs of this world, there would be no people dying of hunger, dying of deadly diseases, nor of many other types of problems. He wants you to come to Him in prayer constantly (1 Thessalonians 5:17).

Supposing you do not have enough faith? How can faith come to you? The Bible tells us that faith comes by hearing, and hearing by the word of God (Romans 10:17). Start by reading the Bible, watch Christian programs, go to church, and talk to people who have faith. "Ask, and it will be given to you; seek, and you will find; knock, and it will be opened to you." Matthew 7:7. This scripture explains itself. After you have taken the steps above, your faith will have grown, and then you can ask God to give you even more faith.

The Bible tells us that if the Son – Jesus Christ - sets you free, you are free indeed (John 8:36). The word of God, which is Jesus Christ (John 1:1–5) and faith will free you from many types of fear, including dying. That is because you will know and believe wholeheartedly that to be absent from this body, from this earth, is to be present with the Lord (2 Corinthians 5:6–8). Actually, you will look forward to that day because you will be so much better in heaven. In heaven you will encounter perfection, and you will have left all the sorrows and problems of this world behind.

Although you will be much better off in heaven than here, you have to let life run its course. In no way are we advocating suicide, or euthanasia. Both of those go entirely against God's will. Only He has the right to decide when to take you home. It is not in the hands of a lawyer, a court, a doctor, nor even yours. That is because God always has the final say.

The Strongest Weapon

The most potent arms that any person or country could possibly have are not nuclear weapons. I do not believe for one minute that the reason the United States has been a world power for many generations is because of our military might. I strongly believe that it is because our founding fathers were Christian, established our Constitution on biblical principles and because our country has remained a Christian nation throughout its history. Many of our soldiers have died in foreign soil fighting to maintain freedom, democracy, the right to worship God and to defend human rights. We have been a light to the world and will continue to be.

In my opinion, what has sustained this country are the prayers of all the Christians who have prayed us from victory to victory. This started with the Pilgrims in 1620 and has continued until now. God's hand of protection has been on us since the beginning of our history as Americans. Another reason, of course, is that we have always blessed the people of God. Yes, I am talking about the Jewish people. They are God's chosen people. The Bible tells us to pray for the peace of

Jerusalem, and if we do that God will prosper us (Psalm 122:6). If you want God to bless you, pray for the peace of Jerusalem and Israel. It would also make God happy if you were to pray for Him to open the eyes of the Jewish people around the world so they would receive Jesus Christ as their Lord, Savior and Messiah.

The Purpose Of Prayer

The main purpose of prayer is for God's children to communicate with Him. In so doing, you will draw close to Him, establish and maintain an intimate relationship with Him. There are many ways in which you can communicate with God and pray. You can just talk to Him as if you were talking to your best friend, or your earthly father. You can pray aloud, or in silence. You can find promises in the Bible, claim them for yourself, and you can even ask somebody else to agree with you in prayer; the prayer becomes stronger.

You can pray to seek divine intervention to be protected from the Devil. That is because he is God's adversary, and since he cannot defeat God, he tries to hurt God by hurting his children –us. In Ephesians 6:12, the Apostle Paul tells us, "For we do not wrestle against flesh and blood, but against principalities, against powers, against the rulers of the darkness of this age, against spiritual hosts of wickedness in the heavenly places."

Of course, the real adversaries are the Devil and his fallen angels. When the Devil and one-third of the angels rebelled against God in heaven, the Archangel Michael and his angels fought against them and cast them out to earth (Revelation 12:7–9). The demons are roaming around just looking how to inflict punishment on the human race. You are their target, whether you realize it or not. Do not faint, God's angels will protect you if you pray to God. (1 John 4:4) - "Greater is he who is in you (Jesus), than he who is in the world (the Devil).

The Effectiveness Of Prayer

Previously we alluded to the fact that the strongest weapons are not the nuclear ones, but rather prayer. In 1 Peter 3:12, the Apostle Peter tells us: "For the eyes of the Lord are on the righteous, and His ears are open to their prayers; but the face of the Lord is against those who do evil." James, the brother of Jesus, tells us that the effective, fervent prayer of a righteous man avails much (James 5:16). In James 4:7, James also tells us that if we submit to God and resist the Devil, he will flee from us. That is a powerful promise made to us. What does this mean to you? It means that you can resist fear, frustrations, temptation of any kind, demons, and even the Devil himself.

You can resist the Devil by saying "no" to drugs, alcohol, smoking, sex out of marriage, cheating, lying, violence, peer pressure, anything else that is a sin, or anything that is incorrect. The best way to do that is to flee away from temptation as fast as possible, and as far away from it as it is necessary.

Since prayer is so powerful, you should pray without ceasing as the Bible tells us in 1 Thessalonians 5:17. Unfortunately, some of us do not pray until the situation is so bad that we cannot bear it anymore. Then we come to God crying and begging Him to bail us out of the situation we are in. So that will not happen to you, learn to participate in preventive prayer. Preventive prayer is thinking in advance what it is you do not want to happen, and then asking God not to allow that to happen.

Preventive Prayer

You should not wait until you have cancer, diabetes, aids, or any other fatal disease, to pray for God to heal you. Of course, He can do it. With Him all things are possible (Mark 10:27). However, it would be so much better and more effective if you were to pray something like this: "Father God, in the name of Jesus, please do not let me ever have cancer. Do not allow my spouse, children, or grandchildren to have it, either. Amen."

Now that you have learned the concept of preventive prayer, I am sure that you can use it effectively to prevent many of the attacks the Devil has planned against you, or against your loved ones. Put it into practice, immediately.

Preventive prayer should also be exercised nationally and internationally. Of course, the first thing you should ask God when praying for your country and others is salvation for its inhabitants. Since there are many countries where their governments are opposed to the word of God, you should pray for God to open doors in order for His gospel to be preached in that particular area. You can also ask God to open the eyes, ears, minds and hearts of that people so they will accept Jesus as their Lord and Savior.

You should pray for God to give wisdom to our leaders at every level, so that the laws or the decisions that they make would benefit all of us. You should definitely also pray for world leaders, so that God would give them wisdom to help their respective countries. For example, if Mexico had a strong economy, we would not have the problem of dealing with Mexican illegal aliens. They would stay in their country. If Cuba and Venezuela had democratic governments, their citizens would have more freedom, they would be our friends, our evangelists and missionaries could preach the word of God to their citizenry and their economies would improve.

Praise And Worship

In reality, no one is worthy of praise and worship, except God. That is why in Matthew 4:10, Jesus told Satan, "Away with you, Satan! For it is written, 'You shall worship the Lord your God, and Him only you shall serve.'" In heaven, the angels and the other heavenly hosts are continually praising and worshiping God. Isaiah, an Old Testament prophet, describes like this what he saw and heard in heaven when he went there in a vision (Isaiah 6:1–3), "In the year that King Uzziah died,

I saw the Lord sitting on a throne, high and lifted up, and the train of His robe filled the temple. Above it stood seraphim; each one had six wings: with two he covered his face, with two he covered his feet, and with two he flew. One (angel) cried to another and said: 'Holy, holy, holy is the Lord of hosts; the whole earth is full of His glory!'" An excellent way to pray is to praise and worship God. God's word tells us that He lives in the praises of his people (Psalm 22:3), and that it is good to sing praises to Him (Psalm 147:1). There probably is no faster way of feeling God's presence than by worshiping Him.

There are many beautiful praise and worship songs. You can sing them to God and He will hear you. It does not matter at all if you do not have a good voice. Your praises will bring joy to Him. However, if you are a brand new Christian, or if you are not even sure if you are one, but you want to know if God is real, just close your eyes, clear your mind of any thoughts, concentrate on God, and sing "Hallelujah" over and over until you feel God's presence. The word "hallelujah" means "I praise You, God."

Fasting

The Oxford Dictionary And Thesaurus defines ***fasting*** as: "Abstaining from all or some kinds of food or drink, especially as a religious observance." The first part is correct, but the part of "...especially as a religious observance" is not correct. It is incorrect because by fasting we are not trying to fulfill a religious duty, keep a tradition, law, nor a certain custom. We are getting closer to God, crucifying the flesh, and praying with more power.

Fasting is so important and so strong that when the Apostles could not cast out a demon from a child (Matthew 17:16), Jesus told them (Matthew 17:21), "This kind (of demon) does not go out except by prayer and fasting." Fasting is so necessary that Moses fasted for forty days, when he went up to Mount Sinai to receive the ten commandments (Exodus 34:28) from God. When the proper time came for Jesus to start His ministry, He fasted for forty days (Matthew 4:1–2).

There are many types of fasting, and it really depends on you as to which one you want to do. However, no matter which one you choose, in most cases, it should only be done for a short period of time, so as not to endanger your health. You can abstain from eating food, but can drink fluids. You can refrain from food and beverages altogether. You can quit doing something that you really enjoy, such as eating candy, watching TV, listening to music, going out with your friends, etc.. The possibilities are endless.

Do not fast for the sake of fasting. There must be a good reason for your fasting. There should be clear guidelines. You should have a plan. If you do not offer the fast to God, you are sacrificing yourself in vain. You should know exactly what you are abstaining from doing, and then stick to it. While you are fasting, you should pray fervently for the miracle you want God to do for you. You should have a time limit (when does it begin, and when does it end?). You should know exactly how you are going to carry out your plan. Then, of course, you must keep your word to God and to yourself.

Chapter Seven

The Real Adversary

Before you can win any battles, you have to identify the real adversary. You have to keep in mind that your neighbor, your boss, your spouse, whatever or whoever seems to be causing the problem is not the real adversary. Regardless of the circumstances or what it may seem like, the Devil is your real adversary (1 Peter 5:8). Therefore, you are not wrestling against flesh and blood, but against principalities of darkness (Ephesians 6:12). Since that is the case, you cannot use physical weapons, but spiritual ones. Fortunately for you, God has given you many power scriptures that you can use to defeat the Devil and his helpers, whoever they may happen to be, at any given time. I say that because he uses demons, but, as all of us well know, most of the time He uses people. Many times those people are the ones closest to you. It could be your boss, a co-worker, a neighbor or even a family member.

Generational Curses

There are curses that come down from generation to generation. All of us, at one time or another, have known a family that suffers from generational curses. For example, I have known families where grandparents, parents, and their children have died from cancer. You may know families now where many members have died from alcoholism or drug addiction. Other families have lived in poverty for generations. I could go on and on giving you examples, but I think by now you understand quite well that generational curses do exist, and that you or somebody you know may be at risk. The good thing is that you can reject them, and if you do, God will be with you.

There are many ways that generational curses get started, but four your purpose it does not really matter how, when, why, or through whom they got into your family. What is important here is that you get rid of them. That is right!! You have the power to stop them from your life and from your descendants. You can pray to God by yourself, but if you can find other people to agree with you, it is even better. Your prayer should go something like this: "Father God, in the name of you Son Jesus, I rebuke the spirit of diabetes that came into my family years ago. I don't know how it came in, but I bind it, and I command it to leave me immediately, and never to come back. I claim that it will not continue in my children, grandchildren, nor from then on. From now on, my descendants and I are completely free from that curse. Thank You, God! Amen."

Territorial Curses

If you did not know that generational curses exist in families, you probably do not know that certain areas have territorial curses as well. Those curses come in through the people who have lived there, are living in the area now, or through what somebody may have done. If the house or apartment where you live is old, you have no idea who lived there before you, what they might have done, or what could have happened. Supposing they were practicing witchcraft. Maybe somebody was killed there or perhaps he took his own life. It is even possible that the native Americans put a curse on it years ago.

If there is a curse on the place where you live, you are now paying the consequences, and you have no idea why. It is not even your fault, but nevertheless it has become a very negative situation for you. The curse may not be on your dwelling place, but it may be on the area. Let us take Reno, Nevada as an example. Reno is known as the town of broken hearts because people go there to get a quick divorce. Because of the gambling in the casinos there is violence, drinking, smoking, prostitution, drug abuse, and many other problems. Of course, all this did not start yesterday; it comes from the native Americans who lived here centuries ago, and from the rush of people who came here when silver was discovered in the area.

Although it may not be the best situation to live in a place that has territorial curses, sometimes people do not have another option, and they have to live there. They may have strong ties to that place because of family, good friends, a business, their education, or even their employment. You can protect yourself and your loved ones by asking God for protection. The Bible tells us in Psalm 91:7, "A thousand may fall at your side, and ten thousand at your right hand; but it shall not come near you." For example, when God was going to destroy Sodom and Gomorrah, He sent two angels to save Lot and his family. The angels told Lot (Genesis 19:15): "Arise, take your wife and your two daughters who are here, lest you be consumed in the punishment of the city." Later on one of the angels told him that he could not destroy the city until he and his family were far enough to be out of danger (Genesis 19:22). Just pray every day and tell God to put a hedge of protection around you and your loved ones.

Demonic Activity

Let us suppose for one moment that there is demonic activity in the place where you live. Demonic activity is when you hear voices, footsteps, objects move, the doors open, or you feel the presence of something diabolic. All of the above do not necessarily have to be happening in your case. If just one is occurring, you have a demonic presence. You do not have to live with it. In the name of Jesus and through Him, you have power over any demon, and even the Devil himself. The Bible tells us in James 4:7, "Submit to God. Resist the Devil and he will flee from you." He will not flee of his own free will. You have to force him to run away from you.

The Devil does not have any real power. The only power he may have is the power you give him because of your ignorance. The Devil uses trickery, deceit, and lies to make people fall. The Bible says in Hosea 4:6, "My people are destroyed for lack of knowledge..." Although the Devil has less power than a toothless lion, he has become a formidable adversary because he is very cunning. You have to be alert at all times, and use the word of God to defeat him. In 1 Peter 5:8, the word of God says, "Be sober, be vigilant; because your adversary the Devil walks about like a roaring lion, seeking whom he may devour." Notice that that passage says, "...walks about like a roaring lion...." In other words, he is just faking being powerful.

God tells you to resist the Devil. That does not mean that you simply say, "Devil, I resist you." If you do, he will probably laugh at you and give you a good beating. If you have ever competed at anything before, you know that you have to come prepared. You have exercised and practiced and practiced. The same is true here. If you live in a haunted house, ask some of your mature Christian friends to pray and fast with you beforehand, and then confront the evil spirit o spirits, and, in the name of Jesus, make them flee from your dwelling. When you hear the noise, voice, footsteps, or whatever it is that lets you know that the demon in present, simply command it like this: "Filthy demon, I come at you in the name and in the blood of Jesus Christ, the Son of the Living God, and I command you to leave this house immediately. Go back to hell, the pit, or wherever God may send you, but you cannot come back to this place. This house and this family belong to God. Leave now, you filthy demon!!" If you do not hear or feel it leave, in the name of Jesus, keep commanding it to get out. Again, it is better if you have two, three or more people praying while one of you is commanding it to leave.

If the person who is going to confront the demon does not know the word of God, is afraid, unsure, does not feel capable, does not have enough faith, or does not have enough confidence, he or she should not attempt confronting any demons. It can be very dangerous, and may produce very catastrophic results. The demon or demons will definitely put up a fight. Of course, the battle can be won, if one knows what he is doing. Remember that God says (Hebrews 13:5), "I will never leave you, nor forsake you." In other words, He will be there with you to make sure you defeat that demon.

Protect Your Door!

Be very careful as to who or what you allow to come in through your door. That door, of course, is the physical door of your home. You have to protect your family, and especially if you have small children. You would not want a sex predator coming into your house and molesting them. You would not want a burglar to come in with you, or another family member, to see what possessions you have, and then come in and burglarize your place when nobody was home. Nevertheless, that can happen and is happening all the time.

Just as you protect the place where your family lives, you have to protect the place where your soul and spirit live. This, of course, is your body. That is why you should not allow anything harmful to come to you through your mouth, eyes, ears, nose, or any other part of your body into your system. More important than anything else is what you permit to enter your mind. That, by the way, is where your soul lives. You should fill your mind with the word of God, and not with mundane things.

If you let negative, harmful, demonic thoughts come in, you will pay a very high price. You will reap sorrows, disappointments, failures, and maybe even destruction. Negative thoughts many times lead to negative action, which may bring you negative consequences. All of us have negative thoughts from time to time. In most cases, we have learned how to deal with them. However, there are many people in jails and prisons who have fallen prey to negative thoughts, because they have not learned how to overcome them.

There is a saying that says, "An idle mind is the Devil's workshop." This has proven to be true in many cases. That is why it is a good idea to keep the mind active by reading God's word. It will prevent the mind from receiving negative, destructive, sinful, and unfruitful thoughts. In 2 Corinthians 10:5, the Apostle Paul tells us, "Cast down arguments and every high thing that exalts itself against the knowledge of God, and bring every thought into captivity to the obedience of Christ..." What does that mean to you? It simply means that as soon as you get a negative thought, you are to rebuke it, get it out of your mind, and think of something positive – something that will bring happiness to God, and maybe even to some people.

Be Extremely Careful What You Confess

A person can only confess what he is, because as he thinks in his heart, so is he (Proverb 23:7). That is why it is so important for you to find out who God is, who you are, where you are, and where God wants you to be before you confess anything. You have to be extremely careful what you say about yourself, because, more likely than not, it will come to pass. What you confess becomes a self-fulfilling prophecy.

Just as a computer programmer programs a computer, you should program yourself and your children. All the input should be positive, affirmative, correct, inspirational, motivational, and derived from the will of God through His word. This should be done on a regular basis. You should prophesy over yourself and your loved ones a future that will bear physical fruit here on earth, and eternal fruit for the kingdom of God.

Chapter Eight

You Have To Renew Your Mind

If the Devil has deceived you in the past, and you have fallen, then you have to take a different approach by renewing your way of thinking. The word of God says in Romans 12:2, "Do not be conformed to this world, but be transformed by the renewing of your mind, that you may prove what is good and acceptable and perfect will of God." Once you have renewed your mind, you will become a new creation. The Bible tells us in 2 Corinthians 5:17: "Therefore, if anyone is in Christ, he is a new creation; old things have passed away; behold all things have become new."

Probably you will never come face to face with the Devil, but you will find yourself vis-à-vis with people whom he is using to make you believe that you are not special, important, or unique. They will actually insult God and you by telling you that you are insignificant, worthless, and that you will never amount to anything. If you believe them, you are already defeated. On the contrary, if you do not accept their insults, lies, deceptions, criticism, judgment, nor allow them to demean you, then your mind has been transformed because you have allowed the word of God to work in you.

God's Word Explains To You Who You Are

You cannot permit others to tell you who you are because many of them will try to bring you down to the lowest common denominator, so they can feel superior to you. Instead, you are to let the word of God tell you who you are. Romans 8:17 tells us that we are joint heirs with Jesus Christ to the kingdom of God. That means that in eternity, we, together with Jesus, will own everything that exists, because in Colossians 1:15–17 and John 1:1–3, the Bible tells us that everything was made by Jesus and for Him. Being that you are a joint heir with Him, everything also belongs to you.

In Isaiah 54:17, the word of God tells us that no weapon forged against us shall prosper. Then, in Romans 8:37, we find that we are more than conquerors. A conqueror has to fight in order to win. Because you are more than a conqueror, you do not have to fight to win. The reason for that is that the battle belongs to the Lord (1 Samuel 17:47). In other words, you pray, and God gives you the victory.

You are who you think you are. You can never achieve greatness if you think you are mediocre, but you can never be that, if you know who you are in Christ Jesus. Proverb 23:7 attests to the fact that as a man thinks in his heart, so is he. That takes us back to Romans 12:2, where it tells us that we have to be transformed by the renewing of our minds. In other words, you have to change how you think of yourself. Otherwise, you will keep getting the same results you have gotten before. You have to see yourself as the head; not the tail, the top; not the bottom (Deuteronomy 28:13), the winner; not the loser, and the successful one, not the unsuccessful one.

Find Your Situation In The Scriptures

Find your situation in the Bible, and then you will be able to pray with more faith, with more conviction, and, of course, with more force. By that I mean, find in the Bible a person with a situation similar to yours, and then find out how God intervened to help him or her. Where God made a promise to them, put your name in there and claim that promise for you. For example, 1 Peter 2:9, the Bible says, "But you are a chosen generation, a royal priesthood, a holy nation, His own special people…" In Revelation 20:6, God tells us, "…but they shall be priests of God and of Christ, and shall reign with Him a thousand years." Matthew 25:34 says, "Then the King – Jesus – will say to those on his right hand, 'Come, you blessed of My Father, inherit the kingdom prepared for you from the foundation of the world.'" There are many more scriptures I could be using, but by now, you are beginning to understand that you were chosen by God, that you are royalty, and that you will reign with

God. That is awesome!! Do not underestimate yourself, and do not allow anyone to undervalue you. You are extremely important to God. He loves you.

If you feel exhausted because you have been struggling and feel heavy laden, then claim Matthew 11:28, where Jesus says, "Come to Me, all you who labor and are heavy laden, and I will give you rest." If you feel guilty because you have lived a sinful life, or if you are ill, claim Psalm 103:2–5, which says: "Bless the Lord, O my soul, and forget not all His benefits; Who forgives all your iniquities, Who heals all your diseases, Who redeems your life from destruction (going to hell), Who crowns you with lovingkindness and tender mercies, Who satisfies your mouth with good things, so that your youth is renewed like the eagle's."

The Bible has an answer for any problem you may have. All you have to do is find it in the Bible, and claim that scripture for you. God in His infinite grace and mercy will have compassion on you and will help you. No matter is too insignificant for God. If it is important to you, it is important to Him. No problem is too difficult for Him. The only limitations He has are the ones you place on Him. If you can simply believe, He will do the rest.

Now That You Know Who You Are…

Now that you know who you are, you can defeat any enemy. In order to do that, of course, you have to use the word of God. His word is the sword of the spirit (Ephesians 6:17), which is living, powerful and sharper than any two-edged sword (Hebrews 4:12). The only way you can use God's word effectively to defeat the enemy is by learning it, living it, and by putting it into practice. Remember that practice makes perfect.

Establish Your Priorities Correctly

In order to live a successful life, it is important for you to establish your priorities correctly in your life. Of course, first and foremost in your life should be Jesus Christ. You should have a personal relationship with Him. If you seek first the kingdom of God, everything else will fall into place (Matthew 6:33). Other than God, the most important person to you should be your spouse. Do not try to change your spouse. Ask God to change you, so that you can be what your spouse needs. If both husband and wife were to do that, they would have an ideal marriage. Your children should come after your spouse. They are a gift from God, and you should treat them as such.

After the top three priorities mentioned above come all the others, and that includes your job, a hobby or even ministry, if you have one. None of them should be more important to you than God, your wife or your children. The reason for many divorces is that people have the priorities in the wrong order. Of course, your job, hobby or your ministry should be extremely important to you, and you should do the very best you can, but they should never ever be more important to you than the first three priorities.

Power Scriptures

God's arsenal of power scriptures is really more than you need. There is no way I can mention all of them, let alone expound on them. However, I will mention a few, so you can defend yourself against the fiery darts of the enemy (Ephesians 6:16). I need not mention that without faith it is impossible to please God (Hebrews 11:6), and that without it none of the scriptures will work for you.

James 4:7: "Therefore submit to God, resist the Devil, and he will flee from you." This means exactly what it says. You have power over the Devil. He fears you; you should not fear him. Isaiah 54:17 says, "No weapon forged against you shall prosper..." The enemy will definitely come at you, but you can defeat him through the word of God. In 1 John 4:4, Jesus tells us, "You are of God, little children, and have overcome them, because He who is in you is greater than he who is in the world." The Holy Spirit lives in you, and if He is with you and fights for you, it does not matter who may come against you. In Hebrews 13:6, the scripture says, "The Lord is my helper; I will not fear. What can man do to me?" If the Devil and all his demons were to attach you, you would prevail because God would be with you (Psalm 118:6). There is nothing to fear.

In Philippians 4:13, the word of God tells us: "I can do all things through Christ Jesus who strengthens me." There is no asterisk saying, "I can do all things, except…" It does not mention any exceptions. You can overcome any obstacle that may come against you. Luke 10:19 tells us: "Behold, I give you the authority to trample on serpents and scorpions, and over all the power of the enemy, and nothing shall by any means hurt you." Jesus clearly states that He gives you authority over all the power of any enemy that may come against you.

In Romans 8:37, you can discover that through God you are more than a conqueror. Zechariah 4:6 lets you know that the victory does not come to you by might, nor by power, but by the Holy Spirit. God gives you the victory if you are faithful to Him. If you do not remain in Him, you may not claim these powerful scriptures because all God's promises are conditional. In other words, if you meet the conditions, you can claim the scriptures, and God will do the rest.

You can be sure that God will always keep His word, His promises, and His scriptures because He cannot change. He is the same yesterday, today and forever (Hebrews 13:8). Through the Prophet Isaiah (Isaiah 55:11), He tells us that His word will not return to Him void, that it will accomplish what His will, and that it will fulfill its mission. Then, in Isaiah 40:8, the Bible tells us: "The grass withers, the flower fades, but the word of our God stands forever." Those three scriptures guarantee you that if you are His child, claim His promises (scriptures), and if you have met the required conditions, your prayer or prayers will be answered.

I Do Not Have Talents

Perhaps you are thinking, "I would love to serve God, but I don't have talents, and I don't know where to begin." You are not the only one. All of us have crossed that path. The thing is, God is not looking for talented people, but the ones who are available. If you pray for God to use you, He is going to show you some hidden talents that maybe you have never used, and it is very possible that you do not even know you have them. But, you know what? God will help you develop them so you can use them to do His will.

Many people suffer through life because they worry about what they would like to have, but they do not consider what they do have. Do not fall in that trap. If you have already fallen there, free yourself from it. Not all the talents are from the fine arts. You do not need a good singing voice, play a musical instrument, draw well, be wealthy, nor have any other talents recognized by society. God does not look at what man does. He looks at a man's heart, not the physical being. If it were not so, I would not have written this book.

Good Luck!!

Hopefully, this book has clarified many misconceptions you may have had about God, or about His word. Regardless, of where you may be on your spiritual life, how much you may know about the word of God, or how much faith you may have, if you begin putting to work the spiritual principles you learned from this book, you will start seeing results immediately because God will start becoming more real every day to you. God bless you!! I hope to see you in heaven throughout eternity. Love in Christ Jesus, Raul Ledesma.

About The Author:

Jesus appeared to him in a vision. He wrote, edited and published an English/Spanish newspaper for six years. Taught high school English for two years. As president of teachers' union wrote many articles for teacher publications. Has had a Christian television ministry for three years in Reno, Nevada, where he lives with his family.

Lo Que Dios Desea Que Sepas

AUTOR: RAÚL LEDESMA

EDITOR: ELENA VELÁSQUEZ

Compre este libro en línea visitando www.trafford.com
o por correo electrónico escribiendo a orders@trafford.com

La gran mayoría de los títulos de Trafford Publishing también
están disponibles en las principales tiendas de libros en línea.

Impreso en Victoria, BC, Canadá.

ISBN: 978-1-4269-2632-7 (sc)

Nuestra misión es ofrecer eficientemente el mejor y más exhaustivo servicio de publicación de libros en el mundo, facilitando el éxito de cada autor. Para conocer más acerca de cómo publicar su libro a su manera y hacerlo disponible alrededor del mundo, visítenos en la dirección www.trafford.com

Trafford rev. 02/24/2010

Library of Congress Control Number: 2010902470

www.trafford.com

Para Norteamérica y el mundo entero
llamadas sin cargo: 1 888 232 4444 (USA & Canadá)
teléfono: 250 383 6864 • fax: 812 355 4082

Le dedico este libro a mi esposa Alcira, a todos los cristianos quienes están sirviendo a Dios por todo el mundo y a todas las personas que van a recibir a Jesucristo como su Señor y Salvador por medio del Espíritu Santo y de este libro.

"Porque de tal manera amó Dios al mundo, que ha dado a su Hijo Unigénito, para que todo aquel que en él cree, no se pierda, mas tenga vida eterna."

La Santa Biblia (Reina-Valera)

Contenidos

Capítulo Uno

Capítulo Dos

Capítulo 3

Capítulo Cuatro

Capítulo Cinco

Capítulo Seis

Capítulo Siete

Capítulo Ocho

Introducción

Este libro no se escribió para teólogos, eruditos, gente religiosa, ni para pastores. Fue escrito en una manera fácil de entender para que si jamás has leído la biblia, si no entiendes el lenguaje cristiano, no tienes idea de los principios de Dios, si no sabes quién es Dios o ni siquiera que existe, te intereses en aprender más de El. Siendo que no es un libro religioso, no es la intención de llevarte a una religión. La razón por ello es que ninguna religión puede abrirte los portales del cielo. Por lo cual, su propósito principal es de traerte a una relación personal con un Dios Viviente que te ama, y quién está esperando ansiosamente que vengas a El, para que puedas vivir una vida de abundancia aquí en la tierra, y para que pases una eternidad gloriosa con El.

A través de las páginas de este libro, vas a aprender muchos principios básicos bíblicos, los cuales están claramente explicados en detalle para que sin importar tu edad, sexo, estado social, nivel educativo, o inteligencia, puedas entenderlos y ponerlos en práctica, inmediatamente. Sí, mi querido amigo/a, fue escrito especialmente para ti. Así como vayas leyendo, cualquier confusión que tengas, se va a ir aclarando más y más. Tú harás tus propias conclusiones, sin que nadie te obligue, ni trate de cambiarte de religión. Este libro, igualmente como la biblia, te hablará por sí mismo.

Este libro puede cambiar tu vida si lo lees cuidadosamente y le aplicas los principios a tu vida personal. Siendo que se utilizan muchas escrituras, es beneficioso que tengas una biblia Reina-Valera

contigo. Sin embargo, si todavía no la tienes, de todas maneras, vas a poder disfrutar el libro y aprender mucho.

Aunque puedes leer todo el libro en un día, no es aconsejable que lo hagas de tal manera. Es mucho mejor leer un principio o dos por día y meditar en ellos. Dios te hablará por medio de su palabra. Antes de comenzar a leer, es una práctica excelente desarrollar el hábito de hacer esta pequeña oración: "Dios Padre, en el nombre de Jesucristo, ayúdame a comprender algo que nunca había entendido antes. Háblame por medio de este libro, de tu palabra, y del Espíritu Santo." No importa cuantas veces hayas o no hayas leído la biblia, Dios te va a hablar de una manera fresca, nueva y muy personal.

Capítulo Uno

¿Quién Necesita a Dios?

Es posible que estés pensando, "Yo no necesito a Dios." La realidad puede ser que tengas buen empleo, dinero en el banco, varias posesiones, buena familia, muchos amigos, y todo lo que este mundo pueda ofrecer. Sin embargo, eso no es suficiente. Esta vida es apenas el comienzo de la eternidad. Es decir, ya tienes vida eterna. No importa si crees en ella o no, pero tienes que decidir donde vas a pasarla. Sólo existen dos lugares; el cielo y el infierno.

¿Quién necesita a Dios? Todo ser humano lo necesita para ser perdonado de sus pecados, y poder llegar al cielo. Ningún ser humano le puede perdonar a otra persona sus pecados. No importa que alguien te diga que él te puede perdonar, porque es líder de una iglesia o de una religión. La única entidad que tiene el poder de perdonar los pecados es Dios (1 Juan 1:9, Marcos 2:7, 1 Juan 2:12 y Efesios 1:7). Nadie llega al Padre, ni al cielo, sino por el Hijo (Jesucristo) – Juan 14:6.

Todos los humanos pecamos. Es precisamente el pecado el que nos separa de Dios, y nos convierte en sus enemigos. En Romanos 3:23, la palabra de Dios nos dice, "Por cuanto todos pecaron y están destituídos de la gloria de Dios." Desafortunadamente, mi querido lector, esto te incluye a ti también. No permitas que esa escritura te desmoralice, porque Dios encontró el perfecto plan para que te incorporaras a su familia de nuevo. Si continúas leyendo, vas a descubrir cómo puedes acercarte a Dios.

Dios, por su infinito amor, gracia, y sabiduría, te da la opción de escoger en cual de los dos lugares (el cielo o el lago de fuego) prefieres pasar la eternidad. Nadie puede decidir por ti. Es una decisión personal. Es muy probable que ahorita no sepas nada de la biblia, y lo único que sepas de Dios es lo que te han contado. No obstante, cuando termines de leer este libro, tendrás una buena idea de quién es Dios, cuál es su voluntad para el mundo, y cuál es su voluntad para tu vida. Entonces podrás hacer una decisión bien informada e inteligente sobre tu vida eterna.

¿Cuál Dios Debo Escoger?

Es muy posible que quieras acercarte a Dios. La cuestión es que, tal vez, no sepas cuál es el dios verdadero. Por los siglos de los siglos, la gente ha adorado a miles de dioses y diosas. Algunas culturas han adorado serpientes, peces, vacas, demonios, a muchas otras cosas, y aún a otros humanos. Sin embargo, aún los humanos que fueron adorados murieron. El único que murió y resucitó fue Jesucristo (Mateo 28:5–8). Así, es que el dios verdadero es el dios de Abraham, Isaac, e Israel (Génesis 12:1–4). El es el Dios Viviente; el Dios Todopoderoso; el Dios que no tuvo comienzo y que no tendrá fin. El es el Alfa y la Omega, el principio y el fin (Apocalipsis 1:8).

¿Qué Puede Hacer Dios Por Ti?

Dios no es el Papá Noel, San Nicolás, ni siquiera un hada. Esos son personajes inventados por el hombre, productos de la imaginación, que, en realidad, no te pueden ayudar. Dios, sin embargo, tiene todo poder y dominio (Efesios 1:19–22), y El te puede ayudar con cualquier problema que tengas. No importa en que situación te encuentres, ni que tan horrible sean tus condiciones, Dios te puede rescatar, restaurar, y hasta darte el triunfo que te mereces. Así es que no te des por vencido, lee el libro para que aprendas como Dios puede abrirte puertas.

La Primera Cosa Que Debes Hacer

Lo primero que debes hacer es buscar el reino de Dios y su justicia, y todo lo demás te llegará por añadidura (Mateo 6:33). En Mateo

7:7, Jesucristo nos dice: "Pide y se te dará; busca y hallarás; llama y se te abrirá." Todo lo que tienes que hacer es hablarle a Dios como si fuera tu papá, o tu mejor amigo. En Filipenses 4:6, la palabra de Dios nos dice que no nos mortifiquemos por nada, sino que le llevemos todo a Dios en oración y súplica. Si le llevas todo a Dios, El te oirá y te ayudará. Al comienzo, no importa si no sabes nada de la biblia, o si no tienes bastante fe. Ambos llegarán más tarde. En Romanos 10:17, la biblia nos dice: "Luego la fe viene por el oír; y el oír por la palabra de Dios." Así es que entre más aprendas la palabra de Dios, más te crecerá la fe.

La Biblia

La biblia es la palabra de Dios. Contiene sesenta y seis libros; treinta y nueve en el Viejo Testamento, y veintisiete en el Nuevo Testamento. Aquellos fueron escritos en un período de más de dos mil años, en diferentes lenguas, por más de cuarenta profetas, quienes vivían en diferentes lugares. Los primeros cinco libros fueron escritos por Moisés, y se conocen como "El Pentateuco." La biblia nos da un recuento histórico de los eventos desde el comienzo del mundo hasta la muerte de los discípulos de Jesucristo. Sin embargo, es mucho más que un libro histórico. Es el único libro que nos da miles de profecías. Muchas ya se han cumplido, otras se están cumpliendo, y muchas más se cumplirán por la eternidad. Ningún otro libro nos ha dejado profecías que se hayan cumplido. Desde luego que sí hay revistas, periódicos, y libros que las están publicando constantemente, pero ningunas de ellas se cumplen.

Los autores de la biblia fueron inspirados y guiados por el Espíritu Santo. 2 Timoteo 3:16–17 declara que toda escritura fue inspirada por el Espíritu Santo y que es buena para enseñar, redargüir, corregir, e instituir en justicia, para que el hombre de Dios sea perfecto, y enteramente instruido para toda buena obra. Pedro, quien presenció los milagros que Jesucristo hizo y las profesías que El dio, lo explica así (2 Pedro 1:19–21): "Tenemos también la palabra profética más permanente, a la cual hacen bien de estar atentos como a una antorcha que alumbra en lugar oscuro hasta que el día esclarezca, y el lucero de la mañana salga en sus corazones; entendiendo primero esto, que ninguna profecía de la escritura es de particular interpretación;

porque la profecía no fue en los tiempos pasados traída por voluntad humana, sino los santos hombres de Dios hablaron siendo inspirados del Espíritu Santo."

Siendo que la biblia es la palabra de Dios, no puedes escoger sólo lo que te guste. No puedes aceptar la biblia parcialmente. Tienes dos opciones; Una es de aceptarla totalmente como fue escrita, y la otra de no aceptarla. Cada nueva generación es más corrupta que la previa, y todo se hace en el nombre del progreso, iluminación, modernización, libertad, estilo de vida, o el derecho de escoger. No importa el nombre que le demos, es pecado, y el pecado siempre será pecado. Desgraciadamente para algunos de nosotros que decidimos cuales principios de Dios obedecer y cuales desobedecer, toda la palabra de Dios se va a complir (Mateo 5:18). Es posible que la sociedad no nos juzgue, pero Dios sí (2 Timoteo 4:1).

Debes dejar que la biblia sea tu guía en la vida cotidiana. Si lo haces, por lo menos, cinco cosas buenas te llegarán. Una, tendrás salvación. Dos, pasarás la eternidad con Dios. Tres, harás la voluntad de Dios, no la tuya. Cuatro, Dios estará contento contigo. Cinco, tendrás mejor vida aquí en la tierra de la que tuvieras de otra manera.

Dios le dio libre albedrío a todo ser humano. Eso significa que tienes el derecho y privilegio de decidir que creer y que no creer, que hacer y que no hacer, adonde ir y adonde no ir, cómo vivir tu vida, y dónde pasar la eternidad. Bueno, el hecho que decidas no creer en la biblia o en Dios no cambia los hechos ni la verdad. Puedes decir que nunca vas a morir, pero eso no cambia el hecho que vas a morir.

La Creación

Utilizando el sentido común, tú y yo sabemos que nada puede ser creado de la nada. Sabemos que necesitamos una sustancia o sustancias para crear algo nuevo. También es verdad que si queremos que algo tenga un diseño específico, tiene que haber un diseñador. Ambos nuestro universo y toda forma de vida tienen un diseño específico. Podríamos llamarle "diseño inteligente," y si hay "un diseño inteligente" tiene que haber "un diseñador inteligente." Según la biblia ese diseñador es Dios.

Para comprender más acerca de la creación, puedes leer los primeros dos capítulos de Génesis, el primer libro de la biblia. Así podrás entender cómo Dios creó al mundo en seis días y descansó el séptimo. En el próximo párrafo, por medio de escrituras, vas a aprender que el Creador es Jesucristo.

El Creador

Puedo ser más específico y decirte que el diseñador o Creador es Jesucristo. Sé eso, porque la biblia lo hace muy claro en Juan 1:1–5. "En el principio era el Verbo, y el Verbo era con Dios, y el Verbo era Dios. Este era en el principio con Dios. Todas las cosas por El fueron hechas; y sin El nada de lo que es hecho, fue hecho. En El estaba la vida, y la vida era la luz de los hombres. Y la luz en las tinieblas resplandece; mas las tinieblas no la comprendieron." En Colosenses 1:15–16, Pablo el apóstol declara, "El cual es la imagen de Dios invisible, el primogénito de toda criatura. Porque por El fueron creadas todas las cosas que están en los cielos, y que están en la tierra, visibles e invisibles; sean tronos, sean dominios, sean principados, sean potestades; todo fue creado por El y para El." Tú y yo quedamos incluídos en esa declaración.

Los ingenieros, científicos, inventores, artistas, carpinteros y la gente, en general, pueden mejorar, inventar, fabricar, o hacer muchas cosas de materiales en existencia. Hasta pueden clonar animales y hacer plantas híbridas, pero no pueden crear algo de la nada. Sólo Dios puede hacer eso (Génesis 1:1). Por eso le llaman "El Creador" (Isaías 40:28).

Después que Dios había creado el cielo y la tierra (Génesis 1:1), creó la raza humana a su propia imagen (Génesis 1:27); hombre y mujer. Jesús, desde luego, es el Creador, y ya que nos creó a su propia imagen, somos gente. Como ser humano, El era hijo de la Vírgen María, y se parecía como a cualquier otro humano. Por eso, si quieres saber qué parece Jesucristo, mira en el espejo. ¡¡Eso es correcto!! Te hizo a su propia imagen. El no se mira como un mono, ni como un árbol ni una nube. Se mira como cualquier ser humano normal.

Un Dios Trino - La Divina Trinidad

Dios es trino. Eso significa que es uno, pero que se manifiesta en tres diferentes maneras. Las tres manifestaciones son: Dios Padre, El Señor Jesucristo, y el Espíritu Santo. Dios es un título. Por eso, Dios Padre es Dios, Jesucristo es Dios, y el Espíritu Santo es Dios. Puedes entenderlo mejor si piensas en una soga. Tiene tres cuerdas torcidas que la convierten en una soga. Otro ejemplo puede ser el agua. En su estado normal es un líquido, pero puede ser congelada o vaporizada. Por lo tanto, tiene tres diferentes manifestaciones.

Siendo verdad que Dios nos hizo a su propia imagen (Génesis 1:26–27), entonces han de existir tres componentes en nuestras vidas. Esos tres componentes son: El espíritu, el alma, y el cuerpo. Sí, tenemos los tres igual que Dios. Nuestro cuerpo corresponde a Jesucristo, nuestro espíritu al Espíritu Santo, y el alma a Dios Padre.

Cuando te mueras, tu cuerpo se quedará quí, pero tu alma y tu espíritu se irán al cielo o al infierno. Desgraciadamente, no hay otro lugar. Ya que estés muerto, no hay nada que tú ni alguna otra persona pueda hacer para cambiar tu destino. Pasarás a la eternidad a tu lugar designado. Lo bueno es que tú puedes escoger dónde pasarás la eternidad. Si recibes a Jesucristo como tu Señor y Salvador, la pasarás en el cielo, y si no, pasarás algún tiempo en el infierno y la eternidad en el lago de fuego. La opción es tuya.

Dios Padre está en el cielo en su trono, y Jesucristo está a su derecha (Romanos 8:34, Hebreos 10:12, Colosenses 3:1, Hechos 7:55, Marcos 14:62, Hebreos 1:13, y Salmo 110:1). El Espíritu Santo, por supuesto, está aquí en la tierra (Juan 14:26, 15:16, 16:7–11).
Ya que los tres, en realidad, son Dios, obran en perfecta unisonancia, armonía, y concordia. Ya que Dios Padre y Jesucristo están en el cielo, el que hace los milagros aquí en la tierra es el Espíritu Santo.

El Jardín Del Edén

Aquí en la tierra, Dios (Jesucristo) creó un lugar muy bello (Génesis 2:8–10) llamado "El Jardín Del Edén." Luego puso a Adán y Eva allí para que lo mantuvieran (Génesis 2:15). Dios deseaba llenar la tierra de sus hijos (Génesis 1:28 y 9:1). Por eso a Adán le dio a Eva para que fuera su esposa. Porque Dios había bendecido la tierra; era

como un paraíso. Era la intención de Dios que la raza humana fuera su familia. Deseaba ser nuestro Padre y tener una relación íntima con cada uno de nosotros, como la había tenido con Adán y Eva en el principio (Génesis 3:8–9). Dios no ha cambiado, El todavía desea tener una relación íntima contigo.

Si Adán y Eva hubieran sido obedientes a Dios (Génesis 2:15–17), el pecado no hubiera entrado al mundo, pero porque desobedecieron (Génesis 3:1–7), el pecado llegó a existir. Si el pecado no hubiera llegado al mundo, no habría muerte, enfermedad, injuria, ni preocupaciones. Si estás en medio de una tormenta, no culpes a tu suerte, destino, ni a Dios; culpa a Adán y a Eva. Por su desobediencia, Dios maldijo este planeta (Génesis 3:16–19). Esa maldición va a permanecer hasta la segunda venida de Jesucristo (Apocalipsis 22:7 y Mateo 24:3–14).

Capítulo Dos

La Voluntad De Dios

Para Dios todo es posible (Marcos 10:27), pero una de las cosas que no es posible para El es cambiar (Hebreos 13:8). No es la voluntad de Dios que vayas al infierno donde habrá mucho sufrimiento (Mateo 7:19, Mateo 8:12 y Juan 15:6), sino que te arrepientas para que tengas salvación (2 Pedro 3:9). Desde el principio era, es, y siempre será su voluntad que tengas vida en abundancia (Juan 10:10). Desgraciadamente, porque El te dio libre albedrío (el derecho de escoger lo que quieras hacer), has descartado su voluntad, has caído en el pecado y te has separado de El. Por eso mismo tienes que arrepentirte, pedirle perdón a Dios, y pedirle que te ayude.

Nuestro Padre desea que lo ames con todo tu corazón, alma, y mente (Mateo 22:37). El también quiere que ames al prójimo como te amas a ti mismo (Mateo 22:39). ¿Quién es el prójimo? Puede ser cualquier persona, sin importar su sexo, edad, religión, estado social, raza, nivel educativo, ni nada más. Para entender este concepto mejor, puedes leer Lucas 10:29–37, "La Parábola Del Buen Samaritano."

Es la voluntad de Dios que des fruto. ¿Bueno, pero qué es dar fruto? Simplemente, significa que hagas buenas obras en el nombre de Jesucristo. Hay varias formas en que puedes ayudarles a los más necesitados. Desde luego que lo más importante es hablarles a otros de Jesucristo para que ellos también puedan pasar la eternidad con Dios y no en el lago de fuego con el Diablo y sus demonios.

La Condenación De Dios

La condenación de Dios nos llegó por culpa de Adán y Eva. Por su pecado llegó la separación. Sí, nos separamos de Dios, quien deseaba y todavía quiere tener una relación íntima con cada uno de nosotros. Sin embargo, de la única manera que puedes tener acceso a su reino, a su trono, y a su persona es por medio de su Hijo (Juan 14:6). Esa es la razón por la cual tienes que aceptar a Jesucristo como tu Señor y Salvador. Al hacerlo, en esencia, naces de nuevo y te conviertes en hijo de Dios. Al ser su hijo, ya no estás bajo condenación, sino bajo su gracia. La gracia te permite recibir de nuestro Dios favores inmerecidos. Claro, el beneficio más grande es tu salvación. Eso significa que pasarás la eternidad con Dios, y no en el lago de fuego con el Diablo.

El Propósito De Dios Para Tu Vida

Mucha gente pasa la vida entera buscando el propósito para sus vidas, pero desgraciadamente jamás lo encuentran. La razón es simple; buscan en lugares erróneos. Si andas buscando el propósito para tu vida, lo encontrarás en la palabra de Dios. El desea que lo ames con todo el corazón, alma, y mente (Mateo 22:37). También, quiere que ames al prójimo como te amas a ti mismo (Mateo 22:39).

Claro, si amas a Dios como El quiere que lo hagas, y si amas al prójimo como te amas a ti mismo, entonces con gusto comenzarás a hacer la voluntad de Dios. Siendo que Jesús ya no está físicamente presente, El desea que tú lo representes, y que hagas lo que El haría si estuviera aquí. Si El estuviera aquí, estuviera haciendo la voluntad del Padre (Juan 5:30). La voluntad del Padre y la de Jesucristo es la misma, y eso es que nadie perezca, sino que todos se arrepientan para que tengan vida eterna (2 Pedro 3:9).

Dios quiere que le lleves su palabra a toda la gente que sea posible para que ellos también tengan salvación. Ahora, tú puedes decir, "No sé la palabra de Dios bastante bien para enseñársela a otros." No tienes que. Puedes empezar por compartir este libro, y por invitar gente a tu iglesia local ya que hayas encontrado una buena.

Cada iglesia tiene su personalidad. Lo mejor que puedes hacer es visitar varias iglesias cristianas hasta que halles una donde te

sientas confortable, bienvenido, en casa, y donde la palabra de Dios se enseñe directamente de la biblia. No necesitas las opiniones ni puntos de vista personales del pastor. La biblia representa a Dios, y los principios que tiene vienen directamente de El.

Un Comienzo Nuevo

¿Puesto que Adán y Eva ya han pecado, desobedecido a Dios, y se han ido al más allá, estás condenado a vivir una vida derrotada? ¡¡Para nada!! Recuerda que cada día es el primer día del resto de tu vida. En Juan 10:10, Jesucristo nos dice que El desea que tengamos vida en abundancia. Eso, desde luego, sólo es para los hijos de Dios, y no puedes ser su hijo a menos que hayas aceptado a su Hijo como tu Señor y Salvador. No esperes mucho en hacerlo, porque nunca sabes cuando vas a morir.

El primer paso para la vida eterna es que aceptes a Jesucristo como tu Señor y Salvador. Si nunca lo has hecho, este es el tiempo perfecto para hacerlo. Sin embargo, si todavía no lo entiendes bien, espérate hasta que termines de leer este libro, y para entonces de seguro estarás listo. Si ya estás listo, lee la siguiente oración, y cuando la comprendas de verdad, órasela a Dios en voz alta. "Dios Padre, en el nombre de Jesucristo, me arrepiento de todos mis pecados. Te pido que me perdones. Permite que tu Espíritu Santo viva en mí y me guíe, para que yo pueda hacer tu voluntad diariamente. Te pido todo esto por medio de tu Hijo Jesucristo. Amén."

No Tendrás Salvación Por Tus Obras

Muchos piensan que serán salvos por sus obras. En otras palabras, han hecho muchas buenas obras, y piensan que Dios las va a pesar en una balanza y las buenas pesarán más que las malas. Por eso los portales del cielo se les abrirán automáticamente. Nada podría estar más equivocado. No vayas a caer en esa trampa. No somos justificados por nuestras obras, sino por nuestra fe en Jesucristo (Gálatas 2:16). Muchas personas buenas, incluyendo filántropos quienes han financiado muchos proyectos humanitarios, terminarán en el infierno. Eso es porque el único camino al cielo es Jesucristo (Juan 14:6), no las obras. Ojalá te haya quedado bien claro que por tus buenas obras no vas a llegar al cielo.

Sólo El Derramamiento De Sangre Redime El Pecado

¿Por qué tienes que aceptar a Jesucristo como tu Señor y Salvador? Es una pregunta de un millón de dólares y merece una respuesta también del millón. La razón es que todos hemos pecado y estamos destituídos de la gloria de Dios (Romanos 3:23). Desde el comienzo, Dios requería un sacrificio de sangre para cubrir el pecado. La biblia nos dice que sin derramamiento de sangre, no se perdona el pecado (Hebreos 9:22). Cuando Jesucristo derramó su sangre en la cruz hace más de dos mil años, todos tus pecados fueron perdonados. Eso es porque El es el único que puede perdonar los pecados del mundo (Juan 1:29).

¿Es bíblico el derramamiento de sangre? ¡Claro! Cuando Adán y Eva pecaron en el Jardín del Edén, Dios mató un animal, les hizo túnicas de pieles, y los cubrió con ellas (Génesis 3:21). Las túnicas de piel les cubrieron el cuerpo, y la sangre del animal sacrificado les cubrió el pecado. Sus dos hijos mayores eran Caín y Abel. Cuando llegaron a ser hombres, ambos le ofrecieron un sacrificio a Dios (Génesis 4:1–4). Dios aceptó la ofrenda de Abel, pero no la de Caín (Génesis 4:5).

Nuestra mente lógica nos diría que Dios no fue justo. ¿Después de todo, por qué aceptó la ofrenda de Abel y no la de Caín? Fue simplemente porque Abel le ofreció un sacrificio sanguíneo y eso era lo que Dios requería. Caín le ofreció el fruto de la tierra, y eso no es lo que Dios pedía. Debes saber que las promesas de Dios son condicionales, y Caín no cumplió con las condiciones. Trataba de establecer sus propias reglas. Nada ha cambiado. Algunos de nosotros queremos que Dios sea nuestro Señor, pero sólo si El nos complace. Recuerda – Si sigues las reglas de Dios, recibirás bendiciones, pero si las desobedeces, vas a recibir maldiciones.

Si lees por el Viejo Testamento, vas a descubrir que los profetas y los sacerdotes siempre le ofrecían sacrificios de animales al Señor para cubrir los pecados de los israelitas. Lo hacían con frecuencia. Esas ovejas y otros animales sacrificados indicaban hacia el futuro, al Cordero Del Sacrificio De Dios – Jesucristo. El vertió su sangre tan sólo una vez para que no tuviéramos que derramar la nuestra, ni matar animales, o pasar la eternidad separados de Dios.

Muchas de las culturas primitivas del mundo vertían sangre humana y de animales como ofrenda para sus dioses. Los indios aztecas de México le ofrecían sacrificios humanos a su dios. Hay cubanos en la Florida y en Cuba que todavía matan animales y les drenan la sangre. A esa práctica le llaman ***santería***. Sólo Dios sabe qué otros ritos puedan estar sucediendo alrededor del mundo.

Capítulo 3

Obediencia O Desobediencia

Muchas personas, por la razón que sea, piensan que Dios quiere sacrificios. Nada pudiera estar más equivocado. El desea obediencia, no sacrificios (1 Samuel 15:22). ¿Cómo se puede saber cuando obedecer y cuando desobedecer? Debemos obedecer la palabra de Dios, y desobedecer todo lo que vaya en contra de ella (Hechos 5:29). En otras palabras, cuando la sociedad nos dice que hagamos algo que va contra la voluntad de Dios, debemos obedecer a Dios, y no a la sociedad. Lo opuesto también es verdadero. Por ejemplo, cuando la sociedad nos dice que no podemos hacer algo que Dios desea que hagamos, debemos hacerlo, sin importar las presiones o consecuencias que enfrentemos.

Para muchas personas, "la presión de los compañeros" es un obstáculo gigantesco para hacer la voluntad de Dios. Afecta a los adolescentes tremendamente porque quieren ser aceptados por sus compañeros. Por eso, son presa fácil para usar lenguaje ofensivo, vestirse ridículamente, escuchar música satánica, desobedecer a sus padres y profesores, tomar, fumar, usar drogas, y hasta suicidarse. Desafortunadamente, no termina con los adolescentes. Muchos adultos son víctimas de "hacer lo que todos estén haciendo." ¡Ten mucho cuidado! Sigue a Dios, y no la manada.

Al pasar las décadas, generaciones y siglos, las sociedades del mundo son más y más corruptas, perversas, permisivas y libertinas. Por ejemplo, la sociedad americana puede decir que está bien que

las jovencitas tengan abortos, pero la biblia nos dice que es malo. En algunos estados en las escuelas, donde los chicos tienen de 11 a 13 años, los profesores ya les están hablando del sexo y les proveen condones. Algunas ciudades, estados y países están aprobando leyes que permiten que se casen personas del mismo sexo, pero Dios lo condena del todo (Romanos 1:26–32). En algunas ciudades americanas la tasa de divorcio es más alta que la del casamiento. ¿Por qué? Porque es una práctica muy aceptada en nuestra sociedad. Algunas personas han estado casadas dos, tres, cuatro, cinco, o más veces.

Las Bendiciones De Dios O Sus Maldiciones

A causa de tus acciones, puedes recibir las bendiciones o maldiciones de Dios. Lo bueno es que tienes la opción de recibir las unas o las otras. Tiene que ver con tu obediencia o desobediencia. Si deseas sus bendiciones, haz su voluntad, y si quieres sus maldiciones, simplemente vete en contra de su voluntad en todo.

Dios espera ansiosamente que hagas su voluntad para poder bendecirte. Una manera de hacer su voluntad es al diezmar. El diezmar es simplemente que le des a Dios, por medio de la iglesia donde recibes su palabra, diez por ciento de todo lo que ganas. En Malaquías 3:8, la palabra de Dios nos dice, "¿Robará el hombre a Dios? Pues ustedes me han robado. Y dijeron: '¿En qué te hemos robado?' En los diezmos y las primicias." Si no diezmas, Dios te considera ladrón. Sin embargo, si diezmas, El te bendice. En Malaquías 3:10, Dios dice, "Traigan todos los diezmos a la iglesia para que haya alimento en mi casa; pruébenme ahora en ésto, dice Jehová de los ejércitos, si no les abriré las ventanas de los cielos, y vaciaré sobre ustedes bendición hasta que sobreabunde."

Cuando diezmes o des una ofrenda, no des de mala gana, porque te sientas culpable, por fuerza, o porque se espera que lo hagas. Da de corazón. Dios te va a bendecir, porque El ama al dador alegre (2 Corintios 9:7). De tal manera, estarás cumpliendo con los dos más grandes mandamientos de Dios. Jesucristo mismo nos los dio en Mateo 22:37–39: "Amarás al Señor tu Dios de todo tu corazón, y de toda tu alma, y de toda tu mente. Este es el primero y el grande

mandamiento. Y el segundo es semejante a éste: Amarás a tu prójimo como a ti mismo."

Puedes decir, "Yo no sé la voluntad de Dios en muchas situaciones." Tienes razón, y especialmente si no has leído la biblia. Sin embargo, si lees la biblia, su voluntad se te va a hacer muy clara. La mayoría de las biblias tienen tabla de materias e índice. Por ejemplo, si tienes problema con el odio, amor, sexo, adulterio, fornicación, el miedo, etc., búscalo en el índice, y te dirá donde puedes encontrar escrituras que se refieren a ese tópico. Eso le dará luz a tu problema, y te ayudará a resolverlo como Dios manda. Jesucristo no solamente tiene la respuesta para tus problemas, El es la respuesta.

Dios Es Imparcial

Dios siempre es imparcial (Hechos 10:34 y Romanos 2:11). Sus reglas, principios y leyes se elevan sobre los tiempos, fronteras, culturas, estado social, nivel educativo, y sobre todo lo demás. No cambian. Nos aplican a todos igualmente, sin importar el género, edad, religión, o cualquier otro factor. Supongamos que tengas un problema único, y no puedas encontrar nada en la tabla de materias ni en el índex, ve directamente a Dios. Pídele al Padre que te dé una señal. Muchas personas te van a decir que eso no se debe hacer. Sin embargo, Gedeón le pidió eso a Dios dos veces, y Dios le contestó ambas veces (Jueces 6:36–40). Si, en realidad, Dios es igual ayer, hoy y para siempre (Hebreos 13:8), El te dará una señal igual como lo hizo con Gedeón. Sin embargo, tienes que asegurarte que estés oyendo a Dios y no a tu mente o a tus deseos. No abuses de este privilegio. Sólo úsalo cuando sea una necesidad absoluta.

Primero Los Judíos

No importa como pensemos, como creamos, o que digamos, la salvación les llegó primero a los judíos (Juan 4:22). Todo lo que viene de Dios, les llega primero a los judíos. Les llega primero, porque son su gente escogida. En 1 Pedro 2:9, refiriéndose a los judíos, la biblia dice, "Mas ustedes son linaje escogido, real sacerdocio, gente santa, pueblo adquirido, para que anuncien las virtudes de aquel que los ha llamado de las tinieblas a su luz admirable." Después que los judíos rechazaron a Jesucristo, la salvación le llegó a los gentiles. Un gentil

es cualquier persona que no sea judía. Si no eres de raza judía, tú eres gentil.

Porque los judíos son la gente de Dios, el Diablo ha tratado vez tras vez de destruírlos. Hitler fue el último que trató de exterminar la raza judía. Sin embargo, Irán, los palestinos, y algunas otras naciones musulmanas quisieran arrasarlos de la tierra. Eso jamás sucederá porque Dios continuará protegiéndolos.

A propósito, una pregunta que puedes tener es: "¿Si los judíos son los escogidos de Dios, por qué han sufrido tanto?" Como ya hemos declarado antes, el Diablo está tratando de borrar la memoria de su existencia por completo. Hay otra razón por la cual han sufrido tanto. La mayoría de ellos nunca han aceptado a Jesucristo como el Mesías. Esperaron miles de años por su Mesías, y cuando llegó, no lo reconocieron. No es necesario decir que me refiero a Jesucristo. Juan 1:10–11 lo explica así: "En el mundo estaba (Jesucristo), y el mundo fue hecho por El; y el mundo no lo conoció. A lo suyo vino, y los suyos (los judíos) no lo recibieron." Recuerda que nadie (ni siquiera la gente judía) viene al Padre, sino por el Hijo (Juan 14:6). Si tú lo aceptas a El, El te acepta a ti.

Les Llueve A Los Justos Y A Los Injustos

Dios hace que el sol salga para las personas malas y las buenas, y les manda lluvia a los justos y a los injustos (Mateo 5:45). Eso significa que muchos de nosotros, quienes estamos tratando de vivir una vida justa, muchas veces pagamos por los pecados de otros. En otras palabras, Dios le manda su castigo a un área por la maldad de la gente que vive allí, y los inocentes también pagan. Dos buenos ejemplos serían los yernos de Lot en Sodoma y Gomorra, y los niños que se ahogaron durante el diluvio en los tiempos de Noé. Por supuesto, en muchas ocasiones, tenemos el privilegio de escoger donde vamos a vivir, o donde vamos a estar en cualquier momento. Sin embargo, un desastre le puede ocurrir a cualquiera en cualquier momento y en cualquier lugar. Por eso es tan importante que ores para decidir donde vivir, trabajar o adonde ir en todo momento. Diariamente, debes pedirle a Dios que te proteja antes de comenzar tu día.

Porque les llueve a los justos y a los injustos, puedes comenzar a comprender porque les pasan malas cosas a personas buenas. Hay otras razones, tal como que esa persona esté pagando por los pecados de sus antepasados (Exodo 20:5), o siendo presa de maldiciones territoriales o generacionales, las cuales serán explicadas más tarde. Dios es soberano y porque sus caminos son más altos que los nuestros (Isaías 55:9), El permite que sucedan algunas cosas, las cuales tal vez no comprendas.

Tales lugares como "el limbo," y "el purgatorio" no existen. Cuando un cristiano muere, inmediatamente va al Padre (2 Corintios 5:6–8). Eso significa que si una persona cristiana se apresura a morir, por la razón que sea, tal persona estará mejor, porque en el cielo no hay muerte ni penas (Apocalipsis 21:4). Esa persona disfrutará un regocijo inexplicable e indecible. Así es que no le tengas miedo a la muerte. Si eres cristiano, vas a estar mejor con Dios que aquí en este planeta.

Todos los niños que mueren antes de la edad de responsabilidad van al cielo, porque son totalmente inocentes. En Mateo 19:14, Jesucristo dijo: "Dejen a los niños, y no les impidan de venir a Mí, porque de tales como ellos es el reino de los cielos." Por consecuencia, si has perdido un niño, y permaneces en tu salvación, te vas a reunir con él cuando llegues al cielo. También estarás con tus seres queridos que hayan muerto, pero que hayan permanecido en Jesucristo hasta el final.

Capítulo Cuatro

Dios Te Ama Incomparablemente

El hombre jamás comprenderá cuanto lo ama Dios. En Juan 3:16, la biblia nos dice, "Porque de tal manera amó Dios al mundo, que ha dado a su Hijo unigénito, para que todo aquel que en El cree, no se pierda, mas tenga vida eterna." En Romanos 5:8, la palabra de Dios dice, "Pero Dios nos demuestra su amor, porque aún siendo pecadores, Cristo murió por nosotros." Juan 15:13, nos dice, "Nadie tiene mayor amor que éste, que alguien dé su vida por sus amigos." Tú y yo no lo merecemos, pero por sus escrituras podemos ver cuanto nos ama Dios. Sí, El te ama sin comparación. Recibe ese amor y regocíjate.

No Puedes Llegar Al Padre, Sino Por El Hijo

Hay un protocolo adecuado para llegar a Dios. Se le llega en humildad, mansedumbre, amor, y en el nombre de Jesucristo. Nadie le llega al Padre, excepto por Jesucristo (Juan 14:6), y lo que le pidas al Padre, en el nombre de Cristo, el Padre te dará (Juan 15:16). Claro, tiene que ser algo razonable. No le vayas a pedir a Dios que te permita robar un banco, que dejes a tu esposa con hijos, o hacer algo que vaya contra su voluntad. No trates de manipular la palabra de Dios, como lo hace mucha gente.

Las oraciones de muchos no reciben respuesta, porque Dios quiere proveer por sus necesidades, pero no necesariamente que

se entreguen a la extravagancia. Santiago, el hermano del Señor, lo explica así en Santiago 4:3: "Pides, y no recibes, porque pides mal, para gastar en tus placeres." Dios provee para tus necesidades; no necesariamente para tus placeres o deseos. Dios conoce el futuro, y lo que te parezca bueno hoy, puede ser una pesadilla mañana. Desea que crezcas en ciertas áreas, y si permitiera que tuvieras alguna cosa a cierto momento, no crecerías espiritual, mental, sicológica o emocionalmente. El se interesa en todo tu bienestar. El quiere que crezcas y que tengas éxito en todas las áreas de tu vida.

Digamos que estás en incertidumbre si debes aceptar una supuesta oportunidad o no. Si alguien te pone presión que la aceptes inmediatamente, probablemente no es de Dios. Debes orar así: "Dios Padre, en el nombre de tu Hijo Jesús, si ésta es una verdadera oportunidad para mí, y está dentro de tu voluntad, ábreme todas las puertas, y dame una señal que yo sepa que viene de Ti. Si no está en tu voluntad, por favor, cierra todas las puertas para que yo no pueda recibirla, aunque parezca ser una gran oportunidad. Amén." Si la oportunidad viene de Dios, te llegará fácil y automáticamente. Si no es de Dios, se desaparecerá rápidamente.

Supongamos que necesitas pareja. No vayas a las cantinas, deja de buscar dondequiera que estés, y no te desesperes. Orale a Dios y pídele que te ayude a hacer una lista de las cualidades que quisieras que tuviera tu pareja. Después que hayas orado y pensado cuidadosamente, haz una lista de esas cualidades. Ahora, diariamente pídele a Dios que traiga esa persona a tu vida. Si tienes buenos amigos, pídeles a ellos que lo oren todos los días también. Dios nos dice en su palabra que si dos estamos de acuerdo en cualquier cosa que le pidamos, el Padre lo hará (Mateo 18:19). También nos dice que donde dos, tres, o más estén reunidos en el nombre de Jesús que El estará con ellos (Mateo 18:20). Tu amigo o amigos y tú no tienen que estar necesariamente en el mismo lugar. Pueden orar por teléfono, e-mail, o cualquier otra manera disponible.

Ora tu petición todos los días hasta que Dios haga el milagro. Ya que Dios te haya hecho el milagro, dale gracias por el resto de tu vida. No se te olvide dar testimonio para que Dios reciba la gloria, y para que a otras personas que necesitan un milagro les crezca la fe

para que reciban el suyo. Recuerda que la fe viene por el oír, y el oír por la palabra de Dios (Romanos 10:17).

El Arrepentimiento

Hemos discutido que nadie llega al Padre, sino por el Hijo (Juan 14:6). Descuidé mencionar que tiene que ser con sinceridad. Primero tienes que arrepentirte de todos tus pecados, porque sin arrepentimiento no hay salvación. El arrepentimiento es una condición para recibir las bendiciones. El Apóstol Pedro lo declara así (2 Pedro 3:9): "El Señor no tarda su promesa, como algunos la tienen por tardanza; sino que es paciente para con nosotros, no queriendo que ninguno perezca, sino que todos procedan al arrepentimiento." Dios espera que te arrepientas y que le pidas perdón. Si lo haces, no solamente te dará salvación, sino te perdonará y te sanará completamente (Salmo 103:3).

¿Por Qué Es Tan Importante Que Me Arrepienta Ya?

La pregunta que me puedes hacer es, "¿Por qué es tan importante que yo me arrepienta ahorita, y reciba a Jesucristo como mi Señor y Salvador?" La respuesta es fácil; sólo por medio de El puedes llegar al cielo a la vida eterna, y como no sabes cuando te vas a morir, lo más lógico es hacerlo lo más pronto posible. No te deseamos mal, pero puedes pasar a la otra vida en los próximos cinco minutos. Puedes ser joven, y estar en buena salud, pero te puede ocurrir un accidente. Puedes fallecer por un acto de violencia, o puedes contraer un virus o una enfermedad rara que te lleve a una muerte prematura. Ojalá que no te ocurra nada de lo mencionado, pero si sucede después que le hayas pedido perdón a Dios, que hayas hecho a Jesucristo Señor y Salvador de tu vida, irás inmediatamente al cielo para pasar la eternidad allá. La decisión es tuya. Dios no forza a nadie. Aunque es todopoderoso, El es puro amor, y sólo quiere traerte felicidad.

Puedes Venir A Cristo Así Como Estás

Una de las mentiras que usa el Diablo es que no puedes venir a Dios a menos que estés bien limpio. Por eso, mucha gente dice, "No puedo venir a Dios hasta que me limpie." En la mayoría de los

casos eso no sucederá, porque la gente no tiene esa habilidad. Sólo Dios puede limpiarte. Si tú pudieras hacerlo, ya lo hubieras hecho años pasados. Si pudieras limpiarte, no hubiera sido necesario que Jesucristo viniera al mundo, mucho menos morir esa muerte horrible en la cruz. Dios es el único que puede limpiarte de toda la basura que has acumulado. ¿Pero, sabes qué? El puede hacerte más blanco que lo blanco y más limpio que lo limpio.

Cristo vino al mundo para salvar a los pecadores (1 Timoteo 1:15) y no a los santos. En Mateo 9:12–13, Jesús dijo, "Los que están sanos no tienen necesidad de médico, sino los enfermos. Anden, pues, y aprendan qué cosa es: Misericordia quiero, y no sacrificio: porque no he venido a llamar justos, sino pecadores al arrepentimiento." En la parábola del hijo perdido (Lucas 15:11–32), Jesús nos dice de un hijo que cayó en un pecado horrible, malgastó toda su herencia, bajó al nivel de comer con los cerdos, pero luego recobró la razón, volvió a su padre, y éste lo recibió con los brazos abiertos. El hijo pródigo eres tú y el padre es Dios. ¡¡Es verdad!! El Padre está esperándote con los brazos abiertos para recibirte.

Todo lo que tienes que hacer para entrar al reino de Dios es arrepentirte, pedirle a Dios que te perdone, y recibir a Jesucristo como tu Señor y Salvador. Dios hace el resto. Si andas en las drogas, sexo, crimen, o algo más, todo lo que hay que hacer es llegar a Dios en humildad, sinceridad, verdad, y entregarle tu vida. Ni necesitas toneladas de fe. Sólo necesitas poquita fe como la semilla de mostaza (Mateo 17:20). A propósito, esa semilla es pequeñita. Con El todo es posible (Marcos 10:27). El tiene el poder para transformarte y hacerte una creación nueva (2 Corintios 5:17).

Tienes Que Nacer De Nuevo

En Juan 3:3, Jesús le dijo a Nicodemo, "De cierto, de cierto te digo, que el que no naciere de nuevo, no puede ver el reino de Dios." Nacer de nuevo significa recibir a Cristo en tu corazón como tu Señor y Salvador. Por eso, Jesús dijo en Juan 3:18, "El que en El cree, no es condenado; mas el que no cree, ya es condenado, porque no creyó en el unigénito Hijo de Dios." Luego en Romanos 10:9, la palabra de Dios nos dice, "Si confiesas con la boca al Señor Jesús, y crees en el corazón que Dios lo levantó de los muertos, serás salvo." La promesa

de la salvación – vivir con Dios eternamente – es una promesa maravillosa que Dios te hace, pero como todas sus promesas, tiene condiciones. Las tres condiciones son que te arrepientas, confieses con la boca que Cristo es tu Señor, y que creas en tu corazón que Dios lo resucitó de los muertos.

La Oración Del Pecador

Dios, en su palabra, lo hace muy claro que tienes que arrepentirte, creer en el corazón y confesar con la boca que Jesucristo es tu Señor y Salvador. Por eso, si has estado en religión, o en tu propio mundo, pero nunca has recibido a Cristo en tu corazón, es tiempo de hacerlo ahorita para que todos tus pecados sean perdonados, y puedas tener salvación. Lee la siguiente oración lentamente, y cuando la entiendas de verdad, dísela a Dios del fondo de tu corazón. “Padre Dios, en el nombre de tu Hijo Jesús, me arrepiento de mis pecados. Te pido que me perdones, que me laves los pecados con la sangre de Cristo, que vivas en mí para que me des vida eterna contigo, y guíame por el Espíritu Santo para que pueda hacer tu voluntad. Gracias, Padre. Amén.” ¡Felicitaciones! Eres hijo de Dios.

Si acabas de recibir a Jesucristo como tu Señor y Salvador, y si te mueres en el cercano futuro, vas a ir al cielo. Es muy probable que tu situación no cambie inmediatamente, pero tú has cambiado. Primeramente, has pasado de la muerte a la vida, y tú ya no eres la misma persona que eras. Ahora, Dios está contigo, y si tú le pides que te ayude, El te va a ayudar. Venga lo que venga, acércate más y más a El.

Capítulo Cinco

El Libro De La Vida Del Cordero

Hay libros en el cielo (Apocalipsis 20:12), y todo lo que haces está escrito en ellos. El libro más importante (Apocalipsis 21:27) es "El Libro De La Vida Del Cordero." Si tu nombre no se halla en él, no puedes entrar al reino de Dios. No tiene nada que ver con que tan bueno hayas sido, cuanto hayas logrado, cuanto hayas servido en la iglesia, o cuanto sepas de la biblia; tiene todo que ver con que Jesús murió en la cruz por tus pecados, con tu arrepentimiento, y con que hayas aceptado a Jesucristo como tu Señor y Salvador. Cuando recibas a Cristo como tu Señor y Salvador, tu nombre será escrito en "El Libro De La Vida Del Cordero." ¿Tu nombre ya está escrito en el libro de Dios?

Tienes Que Mantenerte Ligado A La Planta

Algunos predicadores predican, "Una vez salvo, siempre salvo." Se oye bien, pero no es verdad. En otras palabras, según ellos, ya que hayas recibido a Cristo en tu corazón, puedes hacer lo que quieras, porque vas a llegar al cielo, no importa lo que hagas. Ese es uno de los modos que el Diablo engaña a la gente. No caigas en esa decepción.

En Juan 15:5-6, Cristo dijo, "Yo soy el árbol, ustedes las ramas; el que está en Mí, y Yo en él, éste dará mucho fruto; porque sin Mí nada puede hacer. El que no esté en Mí, será echado fuera como mala rama, y se secará, y a esos los recogerán para echarlos en el

fuego donde se quemarán." Si permites que esa rama seas tú, serás echado y quemado en el fuego.

Aparte de Jesucristo, no puedes hacer nada que valga la pena, y serás echado al fuego. El fuego es el infierno. Claro, si te quedas ligado al árbol, que en realidad es Dios, no te quemarás ni en el infierno ni en el lago de fuego. En vez de eso, estarás con Dios eternamente. Esa es una promesa y Dios cumplirá su palabra si tú haces lo tuyo.

¿Qué Religión Quiere Dios Que Siga?

Según el diccionario El Pequeño Larousse Ilustrado, una religión Es: "Conjunto de creencias, prácticas y ritos específicos que definen las relaciones entre el ser humano y la divinidad." Esta definición es incompleta, y tal vez incorrecta, porque dice que se trata de la relación entre el ser humano y la divinidad. Si miramos la historia del mundo, vamos a encontrar que el hombre ha adorado desde animales hasta el sol y la luna. Desde luego que un cocodrilo, una serpiente, el sol y la luna no son divinos y no merecen ser adorados ni ser obedecidos, pero la gente que los adoraba u obedecía no sabía eso. Cualquier persona que esté adorando otra cosa que no sea el Dios de Abraham, Isaac o Israel está practicando idolatría y terminará en el lago de fuego (Exodo 20:3–5) si no se arrepiente.

Dios no inventó la religión, fue el hombre. La razón es que cada religión tiene sus reglas impuestas por el hombre sobre sus seguidores, pero Dios desea que tengas una relación personal con El. Cuando Cristo escogió a sus discípulos, El simplemente les dijo, "Síganme." (Mateo 9:9, 4:19, Marcos 8:34 y Juan 12:26). No les dijo que siguieran una religión ni que siguieran al hombre. Ninguna religión te abrirá los portales del cielo, pero Jesucristo, sí. No sigas religión; ¡¡Sigue a Dios!!

El Bautismo

El propósito del bautismo es que te identifiques con Dios. Eso significa que tus pecados fueron enterrados con El, y así como El resucitó, debes caminar en una vida nueva (Romanos 6:4) libre del pecado. Ya no eres esclavo del pecado (Romanos 6:6), sino hijo de la luz. Tu Padre te llama a tener un Señor, una fe, y un bautismo (Efesios 4:5). Una de las razones para ser bautizado es para que

recibas los dones del Espíritu Santo (Hechos 2:38). Así, podrás vivir una vida triunfante.

Cristo vino a Juan el Bautista en el Río Jordán para que lo bautizara (Mateo 3:13-15). Ya bien sabemos que Cristo vivió una vida impecable. No fue bautizado para limpiarse del pecado ni para recibir salvación. Fue bautizado para dejarte un ejemplo, y para tener comunión con el Padre y con el Espíritu Santo.

Ultimamente, unos pastores están enseñando que sólo nos debemos bautizar en el nombre de Cristo. Sin embargo, en Mateo 28:19, Jesucristo les dijo a sus discípulos, "Vayan y hagan discípulos de todas las naciones, bautizándolos en el nombre del Padre, del Hijo, y del Espíritu Santo; enseñándoles que guarden todas las cosas que Yo les he mandado: y he aquí, Yo estoy con ustedes todos los días hasta el fin del mundo. Amén." Yo te recomiendo fuertemente que sigas lo que Jesús quiere que hagas, y no lo que diga algún pastor. La palabra de Dios siempre es la palabra final.

Hay algunas iglesias que rocían unas gotitas de agua en la cabecita de un bebé y dicen que está bautizado. No es así. El bebé no ha sido bautizado; ha sido presentado al Señor, y eso es bueno, pero no es un bautismo. Lo digo por dos buenas razones. Número uno, en días bíblicos, al bautizar a la gente la sumergían cuerpo entero en el agua. Significaba que cuando el cuerpo era sumergido, todo el pecado se quedaba allí, y al salir, salían totalmente limpios de todo pecado. Número dos, la gente que se bautizaba tenía la edad necesaria para saber el significado del bautismo.

Si una persona que ha recibido a Cristo como su Señor y Salvador y ha permanecido en El, pero no ha sido bautizado y muere, va al cielo. No es absolutamente necesario que una persona se bautice tan pronto se haga cristiana. Sólo tú sabes cuando estás espiritual, mental, sicológica y físicamente preparado para ser bautizado. No hay fórmula mágica. Sin embargo, si has sido cristiano por seis meses o más, definitivamente debes de hacer el compromiso de ser bautizado.

La Comunión - La Cena Del Señor

Según el diccionario, El Pequeño Larousse Ilustrado, la comunión es, "Participación en lo que es común, o una congregación de

personas que profesan la misma fe religiosa." Esa definición es muy limitada, porque no explica por qué se reune el grupo, ni lo que es la comunión.

Para verdaderamente entender lo que es la Sagrada Comunión, tienes que devolverte en tiempo más de dos mil años a la Ultima Cena que Cristo tuvo con sus discípulos. Esto es lo que El hizo y dijo (Lucas 22:19–20): "Y tomando el pan, habiendo dado gracias, partió, y les dio, diciendo: 'Esto es mi cuerpo, que es dado por ustedes: hagan esto en memoria de Mí.' Asimismo también el vaso, después que cenó dijo: 'Este vaso es el nuevo pacto en mi sangre, que por ustedes se derrama.'"

Por eso, cada vez que un grupo de creyentes se congrega, en obediencia a Jesucristo, se debe celebrar la Sagrada Comunión. Cristo dijo, "....hagan esto en memoria de Mí." Lo que debes recordar y jamás olvidar es que El fue sacrificado, crucificado hasta morir, y resucitado para que no tuvieras que pagar por tus pecados.

Por tus delitos y pecados estabas muerto para Dios (Efesios 2:1), pero Cristo pagó esa deuda para que no pasaras la eternidad en el lago de fuego separado de Dios. Cualquier persona que no haya recibido a Cristo como su Señor y Salvador, es enemigo de Dios y está muerto para El, pero al recibir la sangre de Jesucristo, y creer en El, se reconcilia con Dios y recibe salvación (Romanos 5:9–11).

Nuestro Señor Jesucristo recibió castigo corporal y vertió su sangre camino hacia la cruz, y en ella misma. El pan, desde luego, representa el cuerpo de Jesús, y el jugo, la sangre que El derramó por ti. Si, por la razón que sea, tu iglesia no les ofrece la oportunidad de participar en la Sagrada Comunión a sus miembros, o sólo lo hace cada seis meses, es tu deber de decirle al pastor que Jesucristo quiere que la hagamos. La Sagrada Comunión no se limita solamente a la iglesia, puedes hacerla en casa con tu familia o tú solo. Debes hacerla con frecuencia.

La Sagrada Comunión es santa, y no debes participar, a menos que te sientas libre para hacerla. En otras palabras, si tienes odio en el corazón, no has perdonado a alguien, o estás en el pecado, es mejor que no participes en ella. Debes deshacerte de cualquier cosa que te separe de Dios antes de participar en la Sagrada Comunión.

Las Promesas De Dios Siempre Son Condicionales

Las promesas de Dios, ya sean positivas o negativas, siempre son condicionales. Por ejemplo, si tú has pecado y quieres que Dios te perdone, tienes que cumplir con sus condiciones, las cuales son: Una, tienes que recibir a Jesucristo como tu Señor y Salvador. Dos, tienes que arrepentirte de lo que hiciste. Tres, tienes que pedirle perdón a Dios, porque, en realidad, has cometido un delito y debieras ser castigado. A pesar del crimen o crímenes que hayas cometido, Dios te perdona y te da vida eterna con El si cumples con las condiciones mencionadas.

Aparte de ti, con la excepción de Dios, nadie sabe lo que hayas hecho. Es muy posible que hayas lastimado a otros o que otros te hayan lastimado a ti. Tus primeros pasos deben ser de arrepentirte, perdonar al que te lastimó, perdonarte a ti mismo, y pedirle a Dios que te perdone. Necesitas pedirles a otros que te perdonen, porque Jesucristo nos dice que no puede perdonar a aquellos que no perdonan (Mateo 6:14–15). Es muy probable que algunos no te perdonen, pero eso ya queda entre ellos y Dios. Tú ya no tienes nada que ver con eso.

La biblia es un libro histórico repleto de promesas, profecías e información que te permite conocer a Dios, para que puedas seguir su directriz de cómo El desea que vivas tu vida. Sus promesas, como ojalá ya te lo hayamos recalcado en tu mente, son condicionales. La promesa más importante es la de ***salvación***. La condición es que por fe recibas a Cristo como Señor y Salvador. En 2 Crónicas 7:14, Dios promete sanar nuestra tierra. Las condiciones son que nos humillemos, oremos, busquemos el rostro de Dios, y que dejemos los malos caminos. En Mateo 7:7–8, Jesús nos dice, "Pide, y se te dará; busca, y hallarás; llama y se te abrirá., porque cualquiera que pide, recibe; y el que busca, halla; y al que llama, se le abrirá." Jesucristo Mismo declara las condiciones y el resultado final, si haces lo que El espera de ti. En la mayoría de los casos, la biblia se interpreta sola.

Te podría dar muchos más ejemplos de cómo puedes recibir las promesas de Dios si cumples con sus condiciones, pero creo que ya entiendes ese principio claramente. Sin embargo, te voy a dar un ejemplo más. Se encuentra en Malaquías 3:10, donde Dios nos dice: "Trae todos los diezmos a la iglesia para que haya alimento en mi

casa; y pruébame en ésto, si no te abriré las ventanas de los cielos, y te derramaré bendiciones hasta que sobreabunden." La condición para que recibas las bendiciones abundantes de Dios es que diezmes.

Es posible que no sepas lo que es diezmar. Es simplemente darle 10% a Dios de tus ingresos. Dios no necesita tu dinero, pero la iglesia donde recibes la palabra de Dios, sí, y esa iglesia representa a Dios. La iglesia necesita el dinero para: pagar la renta, comprar el edificio, edificar, pagarle al pastor y a otros empleados, etc.. Se dice que la palabra de Dios es gratis, pero se necesita dinero para llevársela al público. La ofrenda es dinero que des más allá del diezmo. Se puede usar para proyectos especiales, o se le puede dar a un ministerio diferente, tal como misioneros o evangelistas. Dios requiere tu diezmo, pero las ofrendas son totalmente opcionales.

No se diezma simplemente para recibir las bendiciones de Dios, sino para ser obediente. En Malaquías 3:8–9, Dios dice, "¿Robará el hombre a Dios? Pues ustedes me han robado. Dijeron: '¿En qué te hemos robado?' En diezmos y en primicias." Las condiciones para que no robes a Dios y recibas sus bendiciones son que diezmes y des ofrendas. Tú puedes comenzar a hacerlo.

Una pregunta lógica que tú puedas tener es, "Si tengo dificultades en mantenerme o mantener a mi familia con cien por ciento de lo que gano, ¿cómo puedo hacerlo si le doy diez por ciento a la iglesia?" Claro, en lo natural sería imposible. Dios, sin embargo, trabaja en lo espiritual. Por eso algunas personas dicen, "Sus modos son misteriosos." Lo que El hace es estirar tu dinero para que el noventa por ciento que te queda te alcance igual que el cien por ciento. Muchas veces te rinde más.

Cuando diezmas no solamente encuentras favor con Dios, sino con la gente. Dios puede causar que...tu patrón te dé aumento, se reduzca tu mensualidad hipotecaria, te regalen un automóvil, tu hijo o hija reciba una beca, etc... Si diezmas y obedeces los principios de Dios, las posibilidades, por las cuales El te puede bendecir, son infinitas.

El Hombre Tiene Límites, Pero Dios No

La ciencia ha progresado muchísmimo, pero hay muchas cosas que el hombre no puede hacer, pero Dios sí. Un milagro es algo que

el hombre no puede hacer, porque tiene habilidades y conocimiento limitados. A propósito, Dios no tiene límites. Nada existe que El no pueda hacer (Marcos 10:27). Los únicos límites que Dios pueda tener para hacerte un milagro son los que tú le pongas. No lo limites. El te puede sanar de cáncer, sacar de la cárcel, encontrarte empleo, restaurar tu matrimonio, y cualquier otra cosa que necesites. Por eso, no importa el problema o problemas que tengas, Dios no solamente tiene la solución, El es tu solución. Si tú oras en fe, Dios hace lo demás.

Capítulo Seis

La Fe

No importa el problema que tengas, ven a Dios en fe. ¿Qué es la fe? En Hebreos 11:1, la biblia la describe así: "La fe es la sustancia de las cosas que se esperan, la demostración de las cosas que no se ven." No es algo intocable, es muy tangible. Por eso la biblia nos dice que es sustancia, y la demostración de lo que se espera. En Hebreos 11:6, la biblia nos dice, "Sin fe es imposible agradar a Dios, porque El que viene a El, debe creer que existe, y que El recompensa a los que lo buscan." No estés desganado ni tengas miedo de pedirle a Dios que te bendiga. Más que todo, Dios quiere que te acerques a El para bendecirte.

Tu nivel de fe tiene que subir hasta el nivel del problema o más alto. Sabes, Dios no reacciona por tu problema o problemas. El reacciona por tus oraciones y súplicas cuando son hechas en fe (Filipenses 4:6 y Efesios 6:18). Permíteme aclarar este punto. Si Dios reaccionara según las necesidades del mundo, nadie muriera de hambre, de enfermedades mortales, ni de cualquier clase de problemas. El desea que vengas a El en oración constantemente (1 Tesalonisenses 5:17).

Supongamos que no tengas bastante fe. ¿Cómo te puede llegar la fe? La biblia nos dice que la fe viene por el oír y el oír por la palabra de Dios (Romanos 10:17). Comienza por leer la biblia, mirar programas cristianos, ir a la iglesia, y hablar con personas que tienen fe. "Pide, y se te dará; busca, y hallarás; llama, y se te abrirá." Mateo 7:7. La escritura se autoexplica. Ya que hayas tomado los

pasos mencionados, te habrá crecido la fe, y le podrás pedir a Dios que te dé más fe.

La biblia dice que si el Hijo -Jesucristo- te libera, eres libre de verdad (Juan 8:36). La palabra de Dios (Jesucristo) y la fe, te pueden liberar de todo miedo, incluso del miedo de morir. Eso es porque tú sabrás y creerás con todo el corazón que al estar ausente de tu cuerpo, y de la tierra, es estar presente con el Señor (2 Corintios 5:6–8). En efecto, vas a esperar ese día, porque vas a estar mucho mejor allá. En el cielo hallarás la perfección, y habrás dejado todos los dolores, penas y problemas del mundo atrás.

Aunque estés mejor en el cielo que aquí, tienes que dejar que la vida siga su camino. De ninguna manera, abogamos por el suicidio, o la eutanasia. Ambos van contra la voluntad de Dios. Sólo El tiene el derecho de decidir cuando llevarte a casa. No está en las manos tuyas, de un abogado, de una corte, ni de un médico. Dios tiene la última palabra.

El Arma Más Fuerte

Las armas más potentes que cualquier persona o país pudiera tener no son las nucleares. Yo ni siquiera creo por un minuto que la razón que los Estados Unidos ha sido poder mundial por muchas generaciones sea por nuestra fuerza militar. Creo fuertemente que fue porque nuestros fundadores eran cristianos, establecieron nuestra constitución en principios bíblicos, y porque nuestro país ha permanecido cristiano por toda su historia. Muchos de nuestros soldados han muerto en tierras ajenas luchando para mantener libertad, democracia, el derecho de adorar a Dios, y para defender los derechos humanos. Hemos sido luz para el mundo, y continuaremos siéndola.

En mi opinión, lo que ha sostenido a este país son las oraciones de los cristianos que nos han llevado de victoria en victoria. Comenzó con los peregrinos el 1620 y ha continuado hasta hoy día. La mano protectora de Dios ha estado con nosotros desde el comienzo de nuestra historia como americanos. Claro, otra razón es que hemos bendecido al pueblo de Dios. Sí, hablo de los judíos. Es el pueblo escogido de Dios. La biblia nos pide que oremos por la paz de Jerusalén, y si hacemos eso, Dios nos prosperará (Salmo 122:6). Si

quieres que Dios te bendiga, ora por la paz de Jerusalén y de Israel. También le agradaría a Dios si oraras para que El les abriera los ojos a los judíos por todo el mundo para que recibieran a Jesucristo como su Señor, Salvador, y Mesías.

El Propósito De La Oración

El propósito principal de la oración es para que los hijos de Dios se comuniquen con El. Al hacerlo, te acercarás a El, establecerás y mantendrás una relación íntima con El. Hay muchas maneras en las cuales puedes orar y comunicarte con Dios. Simplemente, puedes hablar como si le estuvieras hablando a tu mejor amigo, o a tu papá. Puedes orar en voz alta, o en silencio. Puedes hallar promesas en la biblia, clamarlas para ti, y hasta le puedes pedir a alguien que esté de acuerdo contigo; la oración se hace más fuerte.

Puedes orar para recibir intervención divina para ser protegido del Diablo. Eso es, porque es el adversario de Dios, y como no puede derrotar a Dios, trata de lastimarlo al lastimar a sus hijos – nosotros. En Efesios 6:12, el Apóstol Pablo nos dice, "Porque no luchamos contra seres humanos, sino contra poderes, autoridades, potestades que dominan este mundo de tinieblas, contra fuerzas espirituales malignas en las regiones celestiales."

Claro, los verdaderos adversarios son el Diablo y sus ángeles caídos. Cuando el Diablo y la tercera parte de los ángeles se rebelaron contra Dios en el cielo, el Arcángel Miguel y sus ángeles lucharon contra ellos y los echaron a la tierra (Apocalipsis 12:7–9). Los demonios andan rondando buscando como castigar a la raza humana. Tú eres su blanco, aunque no te des cuenta. No desmayes, los ángeles de Dios te protegen si tú le oras a Dios. (1 Juan 4:4) Más grande es el que está en ti (Jesucristo), que el que está en el mundo (el Diablo).

La Eficacia De La Oración

Previamente aludimos al hecho que las armas más potentes no son las nucleares, sino la oración. En 1 Pedro 3:12, el Apóstol Pedro nos dice: "Porque los ojos del Señor están sobre los justos, y sus oídos, atentos a sus oraciones; pero el rostro del Señor está contra los que hacen el mal." Santiago, el hermano de Cristo, nos dice que la

oración del justo es poderosa y eficaz (Santiago 5:16). En Santiago 4:7, Santiago también nos dice que si nos sometemos a Dios, y resistimos al Diablo, éste nos huirá. Es una promesa fuertísima que Dios nos hizo. ¿Qué significa esto para ti? Significa que puedes resistir el miedo, frustraciones, tentaciones de toda clase, a los demonios, y hasta al mismo Diablo.

Puedes resistir al Diablo si no participas en: drogas, alcohol, fumar, mentir , sexo fuera del matrimonio, hacer trampa, violencia, presión de colegas, cualquier cosa pecaminosa, o cualquier cosa que sea incorrecta. La mejor manera de hacerlo es huír de la tentación lo más pronto posible y tan lejos como sea necesario.

Ya que la oración es tan poderosa, debes orar sin cesar como dice la biblia en 1 Tesalonisenses 5:17. Desafortunadamente, algunos de nosotros no oramos hasta que la situación esté tan fea que ya no podamos soportarla. Entonces venimos a Dios llorando rogándole que nos saque de esa situación. Para que a ti no te pase eso, aprende a participar en oración preventiva. La oración preventiva es pensar con anticipo que es lo que no quieres que suceda, y luego le pides a Dios que no permita que eso ocurra.

La Oración Preventiva

Para que Dios te sane, no debes esperar hasta que tengas cáncer, diabetes, el sida, o cualquier otra enfermedad fatal. Claro, El lo puede hacer. Con El todo es posible (Marcos 10:27). Sin embargo, sería mucho mejor y más efectivo si oraras algo así: "Dios Padre, en el nombre de Jesucristo, por favor no permitas que jamás tenga cáncer. Ni dejes que mi pareja, hijos, o nietos lo tengan, tampoco. Amén."

Ahora que has aprendido el concepto de la oración preventiva, estoy seguro que lo puedes usar efectivamente para prevenir muchos de los ataques que el Diablo ha planeado contra ti, o contra tus seres queridos. Ponlo en práctica, inmediatamente.

La oración preventiva también debe usarse nacional e internacionalmente. Desde luego que la primera cosa que debes pedir cuando oras por tu país u otros es por la salvación de sus habitantes. Siendo que hay muchos países donde sus gobiernos se oponen a la palabra de Dios, debes orar para que se abran las puertas para que

se predique el evangelio en esa región en particular. También, le puedes pedir a Dios que a sus habitantes se les abran los ojos, oídos, mentes, y los corazones para que reciban a Jesucristo como su Señor y Salvador.

Debes orar para que Dios les dé sabiduría a los líderes en todos los niveles para que las leyes y las decisiones que hagan nos beneficien a todos. Debes también orar por los líderes mundiales para que Dios les dé sabiduría para ayudarles a sus países respectivos. Por ejemplo, si México tuviera una economía fuerte, no tuviéramos el problema de los mexicanos ilegales. Se quedarían en su país. Si Cuba y Venezuela tuvieran gobiernos democráticos, sus ciudadanos tuvieran más libertad, fueran nuestros amigos, nuestros evangelistas y misioneros pudieran predicarle la palabra de Dios a su gente, y sus economías se mejorarían.

Alabanza Y Adoración

En realidad, nadie merece ser alabado ni adorado, excepto Dios. Por eso, en Mateo 4:10, Jesús le dijo al Diablo, "Vete, Satanás, que escrito está: Al Señor tu Dios adorarás y a El sólo servirás." En el cielo, los ángeles y los otros seres celestiales continuamente alaban y adoran a Dios. Isaías, un profeta del Viejo Testamento, fue al cielo en una visión, y él describe lo que vio y oyó así (Isaías 6:1–3): "En el año que murió el rey Uzías vi al Señor sentado sobre un trono alto y sublime, y sus faldas llenaban el templo. Encima de El estaban serafines: cada uno tenía seis alas; con dos cubrían sus rostros, con dos cubrían sus pies, y con dos volaban. Uno le daba voces al otro, diciendo: 'Santo, santo, santo, Jehová de los ejércitos: toda la tierra está llena de tu gloria.'" Una excelente manera de orar es la de alabar y adorar a Dios. La palabra de Dios nos dice que El vive en la adoración de su gente (Salmo 22:3), y que es bueno adorarlo en alabanzas (Salmo 147:1). No creo que haya un modo más rápido de llegar a su presencia que por la adoración.

Hay muchas canciones preciosas de adoración y alabanza. Puedes cantárselas a Dios, y El te oye. No importa si no tienes buena voz. Tu adoración le traerá regocijo a El. Sin embargo, si eres un cristiano nuevecito, o si ni siquiera estás seguro que lo eres, pero quieres saber si Dios es verdadero, cierra los ojos, límpiate la mente

de todo pensamiento, concéntrate en Dios, y canta "Aleluya" vez tras vez hasta que sientas la presencia de Dios. La palabra "aleluya" significa "Te alabo Dios."

El Ayuno

El diccionario *El Pequeño Larousse Ilustrado* define *ayunar* como: "Abstenerse de comer y beber total o parcialmente, en especial por motivos religiosos o de salud." La primera parte es correcta, pero la parte de "...por motivos religiosos..."no es correcta. Es incorrecta, porque al ayunar no tratamos de cumplir con un deber religioso, una tradición, una ley, ni con una costumbre. Nos estamos acercando a Dios, crucificando la carne, y orando con más poder.

El ayuno es tan importante y poderoso que cuando los apóstoles no pudieron sacarle un demonio a un niño (Mateo 17:16), Jesús les dijo (Mateo 17:21), "Esta clase de demonio sólo sale por oración y ayuno." El ayuno es tan necesario que Moisés ayunó cuarenta días, cuando subió al Monte Sinaí para recibir los diez mandamientos (Exodo 34:28) de Dios. Cuando le llegó el tiempo de comenzar su ministerio, Jesucristo ayunó cuarenta días (Mateo 4:1–2).

Hay muchos tipos de ayuno, y, en realidad, depende de ti cual quieres hacer. Sin embargo, no importa cual escojas, en la mayoría de los casos, sólo debes hacerlo por un tiempo corto para no dañar tu salud. Puedes abstenerte de comer comida, pero puedes beber líquidos. Puedes dejar la comida y las bebidas por algunas horas al día. Puedes dejar de hacer algo que te encanta, tal como comer dulces, mirar la televisión, escuchar música, salir con tus amigos, etc... Las posibilidades no tienen fin.

No ayunes por ayunar. Tienes que tener una buena razón por hacerlo. Tienes que tener una guía clara. Tienes que desarrollar un plan. Si no le ofreces el ayuno a Dios, te estás sacrificando en vano. Debes saber exactamente de que vas a abstenerte y luego cumplirlo. Mientras estés ayunando debes orar fervientemente por el milagro que quieres que Dios te haga. Tienes que ponerle límite (¿Cuándo comienza y cuándo termina?). Debes de saber exactamente cómo vas a llevar a cabo tu plan. Por fin, debes cumplirle tu palabra a Dios, y a ti también.

Capítulo Siete

El Verdadero Adversario

Antes que puedas ganar batallas, tienes que identificar al verdadero adversario. Tienes que saber que tu vecino, tu patrón, tu pareja, o lo que te esté causando el problema no es el verdadero adversario. No importan las circunstancias ni lo que parezca, el Diablo es el verdadero enemigo (1 Pedro 5:8). Por eso, no luchas contra carne y hueso, sino contra principados de la oscuridad (Efesios 6:12). Ese siendo el caso, no puedes utilizar armas físicas, sino espirituales. Afortunadamente, Dios te ha dado muchas escrituras poderosas que puedes usar para derrotar al Diablo y a sus ayudantes, sean quienes sean, en cualquier momento dado. Digo eso, porque usa demonios, pero como bien sabemos, la mayoría del tiempo usa gente. Muchas veces esa gente es la más cercana a ti. Puede ser tu patrón, un compañero de trabajo, un vecino, o hasta un miembro de tu familia. Estoy seguro que alguna persona cercana a ti ya te ha lastimado.

Las Maldiciones Generacionales

Hay maldiciones que pasan de generación a generación. En algún tiempo, todos hemos conocido a una familia que sufre de maldiciones generacionales. Por ejemplo, yo he conocido familias que los abuelos, los padres y los hijos han muerto de cáncer. Puedes conocer familias cuyos miembros han muerto del alcoholismo o adicción a las drogas. Otras familias han vivido en la pobreza por generaciones. Podría continuar dándote ejemplos, pero ya comprendes bastante bien que las maldiciones generacionales existen, y que tú o algunos de tus

conocidos están en riesgo. Lo bueno es que puedes rechazarlas, y si lo haces, Dios estará contigo.

Hay muchas maneras por las cuales comienzan las maldiciones generacionales; pero para tu propósito no importa cómo, cuándo, por qué, ni por quién entraron a tu familia. Lo que importa es que te deshagas de ellas. ¡¡Sí!! Tienes el poder de sacarlas de tu vida y de tu descendencia. Puedes orar tú solo, pero si puedes encontrar a otra gente que ore contigo, es mucho mejor. Debes orar algo así: "Dios Padre, en el nombre de tu Hijo Jesús, rechazo el espíritu de diabetes que entró a mi familia años pasados. No sé cómo entró, pero lo ato, y le exijo que me deje inmediatamente y que nunca vuelva. Clamo que no va a continuar en mis hijos, nietos, ni de ahí en adelante. De aquí en adelante, mis descendientes y yo estamos libres de esa maldición. ¡Gracias, Dios! Amén."

Las Maldiciones Territoriales

Si no sabías que las maldiciones generacionales existían en las familias, es probable que no sepas que ciertas áreas tienen maldiciones territoriales. Esas maldiciones entraron por las personas que hayan vivido ahí, por las que residen actualmente en el área, o por lo que alguien haya hecho. Si la casa o el apartamento donde vives es viejo no tienes una idea quien haya vivido ahí, lo que hayan hecho, o lo que haya ocurrido en tu vivienda. Supongamos que hayan practicado la hechicería o brujería. Tal vez alguien haya cometido un homicidio o se haya quitado la vida. Hasta es posible que los nativos americanos le hayan puesto una maldición años pasados.

Si hay una maldición en tu habitación, tú estás pagando las consecuencias, y ni siquiera tienes una idea por qué. Ni siquiera es tu culpa, pero se ha convertido en una situación muy negativa para ti. La maldición no puede estar en tu vivienda, sino en el área donde vives. Como ejemplo, tomemos a Reno, Nevada. A Reno se le conoce como el pueblo de los corazones quebrantados, porque mucha gente va ahí para divorciarse rápidamente. Por la jugada en los casinos, hay violencia, borrachos, fumadores, prostitución, abuso de drogas, y muchos otros problemas. Claro, esto no comenzó ayer. Viene de los nativos americanos quienes vivieron ahí años pasados, y del mundo de gente que llegó cuando se descubrió plata en el área.

Tal vez no sea la mejor situación vivir en un lugar que tenga maldiciones territoriales, pero a veces la gente no tiene otra opción, y tiene que vivir allí. Pueden tener vínculos fuertes con ese lugar por familia, buenos amigos, negocios, su educación, o hasta por el empleo. Puedes protegerte y también a tus seres queridos, si le pides a Dios que te dé protección. La biblia nos dice en Salmo 91:7, "Caerán a tu lado mil, y diez mil a tu derecha; pero a ti no te llegará." Por ejemplo, cuando Dios iba a destruír a Sodoma y Gomorra, mandó dos ángeles para salvar a Lot y a su familia. Los ángeles le dijeron a Lot (Génesis 19:15): "Levántate, toma tu mujer, y tus dos hijas que se hallan aquí, para que no perezcan en el castigo de la ciudad." Más tarde un ángel le dijo que no podía destruír la ciudad hasta que Lot y su familia estuvieran a una distancia fuera de peligro (Génesis 19:22). Simplemente, ora todos los días y pídele a Dios que ponga una barrera de protección alrededor de ti y tus seres queridos.

Actividad Demoniaca

Supongamos por un momento que hay actividad demoniaca en el lugar donde vives. La actividad demoniaca es cuando oyes voces, pisadas, se mueven objetos, se abren las puertas, o sientes la presencia de algo diabólico. Todo lo mencionado no necesariamente tiene que estar sucediendo en tu caso. Si simplemente uno de ellos ocurre, tienes presencia demoniaca. No tienes que vivir con eso. En el nombre de Jesús y por medio de El, tienes poder sobre cualquier demonio, y hasta sobre el Diablo. La biblia nos dice en Santiago 4:7, "Sométete a Dios, resiste al Diablo, y éste te huirá." El no huirá por su propia voluntad. Tendrás que forzarlo para que te huya.

El Diablo no tiene poder. El único poder que pueda tener es el que tú le das por ignorancia. El Diablo usa artimañas, decepción, y mentiras para que la gente caiga. La biblia dice en Oseas 4:6, "Mi pueblo es destruído por falta de conocimiento..." Aunque el Diablo tenga menos poder que un león desdentado, se ha convertido en un adversario formidable porque es muy mañoso. Tienes que estar alerta todo el tiempo, y usar la palabra de Dios para derrotarlo. En 1 Pedro 5:8, la palabra de Dios dice, "Practiquen el dominio propio y manténganse alerta. Su enemigo el Diablo ronda como león rugiente,

buscando a quién devorar." Fíjate que el pasaje dice, "...ronda como león rugiente...." En otras palabras, finge ser poderoso.

Dios te dice que resistas al Diablo. Eso no significa que simplemente digas, "Diablo, te resisto." Si haces eso, se reirá de ti, y te dará una buena paliza. Si has competido en algo, sabes que tienes que llegar preparado. Has hecho ejercicio y has practicado y practicado. Es lo mismo aquí. Si vives en una casa donde asustan, pídeles ayuda a algunos cristianos maduros para que oren y ayunen contigo de antemano, y para que juntos se enfrenten al espíritu o espíritus malignos y, en el nombre de Jesucristo, los hagan huír de tu vivienda. Cuando oigas el ruido, la voz, pisadas, o lo que sea que te deja saber que el demonio está presente, simplemente, exígele así: "Demonio inmundo, vengo contra ti en el nombre y por la sangre de Jesucristo, el Hijo del Dios Viviente, y te exijo que salgas de esta casa inmediatamente. Vete al infierno, al abismo, o adonde te mande Dios, pero no puedes volver a este lugar. Esta casa y esta familia le pertenecen a Dios. ¡Vete ahorita, demonio asqueroso!" Si no lo oyes o lo sientes salir, continúa exigiéndole, en el nombre de Jesucristo. Reiteremos que es bueno que dos, tres personas o más estén orando cuando tú u otra persona le esté exigiendo que se vaya.

Si la persona que va a enfrentarse con el demonio no sabe la palabra de Dios, tiene miedo, está insegura, no se siente capaz, no tiene bastante fe, o no tiene la confianza suficiente, no debe enfrentarse al espíritu maligno. Puede ser muy peligroso y puede producir resultados muy catastróficos. El demonio o los demonios van a luchar fuertemente. Claro, es una lucha que se puede ganar si uno sabe lo que está haciendo. Recuerda que Dios dice (Hebreos 13:5), "Jamás te dejaré, ni te desampararé." En otras palabras, El va a estar contigo para asegurar que derrotes al demonio.

Protege Tu Puerta

Ten mucho cuidado a quién o qué dejas entrar por tu puerta. Esa puerta, desde luego, es la puerta de tu casa. Tienes que proteger a tu familia, y especialmente si tienes niños pequeños. No quisieras que entrara a tu casa un violador de niños y los violara. No te gustaría que entrara un ladrón contigo, o con otro miembro de tu familia, y viera tus posesiones para venir más tarde cuando nadie estuviera en

casa para robar. Sin embargo, eso pudiera suceder y está ocurriendo todo el tiempo.

Así como proteges el lugar donde vive tu familia, tienes que proteger el lugar donde viven tu alma y tu espíritu. Este, desde luego, es tu cuerpo. Por eso no debes permitir que nada dañino entre a tu sistema por la boca, los ojos, los oídos, la nariz, o cualquier otra parte de tu cuerpo. Lo más importante de todo es lo que permites que entre a tu mente. A propósito, ahí es donde vive tu alma. Debes llenarte la mente con la palabra de Dios, y no con cosas del mundo.

Si dejas que te entren pensamientos negativos, dañinos o demoniacos, vas a pagar un precio muy alto. Cosecharás tristezas, desilusiones, fracasos, y hasta destrucción. Los pensamientos negativos muchas veces te llevan a acciones negativas, las cuales te pueden traer consecuencias negativas. Todos tenemos pensamientos negativos de vez en cuando. En la mayoría de los casos hemos aprendido como vencerlos. Sin embargo, hay muchas personas en las cárceles y prisiones que han caído en las garras de los pensamientos negativos, porque no han podido superarlos.

Hay un dicho que dice, "Una mente ociosa es el taller del Diablo." En muchos casos es la pura verdad. Por eso es buena idea mantener la mente ocupada leyendo la palabra de Dios. Esto previene que la mente reciba pensamientos negativos, destructivos, pecaminosos, o infructíferos. En 2 Corintios 10:5, el Apóstol Pablo nos dice, "Destruímos argumentos y toda altivez que se levanta contra el conocimiento de Dios, y llevamos cautivo todo pensamiento para que se someta a Cristo." ¿Qué significa eso para ti? Simplemente quiere decir que tan pronto te llegue un pensamiento negativo, lo rechaces, te lo saques de la mente, y pienses en algo positivo – algo que le traiga alegría a Dios, y tal vez hasta a otras personas.

Ten Mucho Cuidado Con Lo Que Confieses

Una persona sólo puede confesar lo que es, porque cómo piensa en su corazón, así es (Proverbio 23:7). Por eso es tan importante que sepas quién es Dios, quién eres tú, dónde estás, y dónde quiere Dios que estés, antes que confieses cualquier cosa. Tienes que tener mucho cuidado con lo que digas de ti mismo, porque, con toda

probabilidad, eso va a ocurrir. Lo que confiesas se convierte en profecía que se cumple por su propia naturaleza.

Así como un programador programa las computadoras, debes programarte y programar a tus hijos. Toda la entrada debe ser positiva, afirmativa, correcta, inspiradora, motivadora, y derivada de la voluntad de Dios por medio de su palabra. Esto debe hacerse regularmente. Debes profetizar sobre ti y sobre tus seres queridos un futuro que produzca fruto físico aquí en la tierra y fruto eterno para el reino de Dios.

Capítulo Ocho

Tienes Que Renovar Tu Mente

Si el Diablo te ha engañado en el pasado y has caído, debes tomar otro enfoque renovando tu modo de pensar. En Romanos 12:2, la palabra de Dios dice: "No se amolden al mundo actual, sino sean transformados mediante la renovación de su mente. Así podrán comprobar cuál es la voluntad de Dios, buena, agradable y perfecta." Ya que hayas renovado tu mente, vas a ser una creación nueva. La biblia nos dice en 2 Corintios 5:17: "Por lo tanto, si alguno está en Cristo, es una nueva creación. ¡Lo viejo ha pasado, ha llegado lo nuevo!"

Es muy probable que jamás te enfrentes con el Diablo, pero vas a encontrarte cara a cara con gente que él está usando los cuales tratarán de convencerte que no eres especial, importante ni único. En realidad, insultarán a Dios y a ti, porque te van a decir que eres insignificante, inútil, y que nunca llegarás a ser nada. Si les crees, ya estás derrotado. Al contrario, si no aceptas sus insultos, mentiras, decepciones, crítica, juicio, ni les permites que te menosprecien, entonces tu mente ya ha sido transformada porque has permitido que la palabra de Dios obre en tu vida.

La Palabra De Dios Te Explica Quién Eres

No puedes permitir que otros te digan quién eres, porque muchos de ellos van a tratar bajarte a lo más bajo para sentirse superiores a ti. En lugar de eso, deja que la palabra de Dios te diga quién eres. Romanos 8:17 nos dice que somos herederos con Jesucristo al reino

de Dios. Eso significa que en la eternidad, juntos con Jesucristo, vamos a poseer todo lo que existe, porque en Colosenses 1:15–17 y Juan 1:1–3, la biblia nos dice que todo fue hecho por Jesucristo y para El. Siendo que eres heredero con El, todo también te pertenece a ti.

En Isaías 54:17, la palabra de Dios nos dice que ninguna arma forjada contra nosotros prosperará. Luego, en Romanos 8:37, encontramos que somos más que vencedores. Un vencedor tiene que luchar para vencer. Porque eres más que vencedor, no tienes que pelear para ganar. La razón es que la batalla le pertenece al Señor (1 Samuel 17:47). En otras palabras, tú oras y Dios te da la victoria. Jamás podrás lograr la grandeza, si piensas que eres mediocre; pero nunca podrás serlo, si sabes quién eres en Jesucristo. El Proverbio 23:7 declara que según piensa una persona, así es. Eso nos lleva a Romanos 12:2, donde nos dice que tenemos que ser transformados por el renovamiento de nuestras mentes. En otras palabras, tienes que cambiar cómo piensas de ti mismo. De otra manera, continuarás recibiendo los mismos resultados del pasado. Tienes que verte como la cabeza, no la cola; encima, no debajo (Deuteronomio 28:13); el ganador, no el perdedor; y el afortunado, no el fracasado.

Encuentra Tu Situación En Las Escrituras

Encuentra tu situación en la biblia, y luego podrás orar con más fe, más convicción, y, desde luego, con más poder. Con eso quiero decir, encuentra en la biblia una persona con una situación semejante a la tuya, y luego descubre cómo Dios intervino para ayudarle. Donde Dios le hizo una promesa, pon tu nombre ahí, y clámala para ti. Por ejemplo, 1 Pedro 2:9, la biblia dice, "Mas ustedes son linaje escogido, real sacerdocio, gente santa, pueblo adquirido..." En Apocalipsis 20:6, Dios nos dice, "...(ellos) serán sacerdotes de Dios y de Cristo, y reinarán con El mil años." Mateo 25:34 dice, "Entonces el rey dirá a los que estarán a su derecha: 'Vengan, benditos de mi Padre, hereden el reino preparado para ustedes desde la fundación del mundo.'" Hay muchas más escrituras que podría usar, pero ya estás comprendiendo que Dios te ha escogido, que eres realeza, y que vas a reinar con Dios. ¡¡Eso es grandioso!! No te subestimes, y

no permitas que nadie te menosprecie. Tú eres muy importante para Dios. El te ama.

Si te sientes agotado, porque has estado luchando y estás fatigado por la carga pesada, clama Mateo 11:28, donde Jesús dice, "Vengan a Mí todos los que estén trabajados y cargados que Yo les daré descanso." Si te sientes culpable, porque has vivido una vida pecaminosa, o si estás enfermo, clama el Salmo 103:2–5, que dice: "Bendice, alma mía, a Jehová, y no olvides ninguno de sus beneficios. El es quien perdona todas tus iniquidades, el que sana todas tus dolencias; el que rescata del hoyo tu vida, el que te corona de favores y misericordias; el que sacia de bien tu boca de modo que te rejuvenezcas como el águila."

La biblia tiene respuesta para cualquier problema que tengas. Todo lo que tienes que hacer es hallarla en las escrituras y clamarla para ti. Dios en su gracia y misericordia infinita tendrá compasión de ti y te ayudará. Nada es insignificante para Dios. Si es importante para ti, es importante para El. Ningún problema es demasiado difícil para El. Las únicas limitaciones que El tiene son las que tú le pones. Si tú simplemente puedes creer, El hará el resto.

Ahora Que Ya Sabes Quién Eres...

Ahora que ya sabes quién eres, puedes derrotar cualquier enemigo. Claro, para hacer eso, tienes que usar la palabra de Dios. Su palabra es la espada del espíritu (Efesios 6:17), la cual es viviente, y es más poderosa que una espada de dos filos (Hebreos 4:12). De la única manera que puedes usar la palabra de Dios eficazmente para derrotar al enemigo es al aprenderla, vivirla, y al ponerla en práctica. Recuerda que la práctica hace al maestro.

Establece Correctamente Tus Prioridades

Para vivir una vida exitosa, es importante que establezcas las prioridades correctamente en tu vida. Claro, lo primordial en tu vida debe ser Jesucristo. Debes tener una relación personal con El. Si buscas primero el reino de Dios, todo se acomodará en su debido lugar (Mateo 6:33). Aparte de Dios, la persona más importante para ti debe ser tu pareja. No trates de causar cambio en tu pareja. Pídele a Dios que te cambie a ti para que seas lo que él o ella necesita. Si

ambos el esposo y la esposa hicieran eso, tuvieran un matrimonio ideal. Tus hijos deben venir después de tu pareja. Son un regalo de Dios, y deberías tratarlos así.

Después de las tres prioridades ya mencionadas vienen todas las otras, y eso incluye tu trabajo, pasatiempo y hasta tu ministerio, si es que tienes uno. Ninguno de ellos debe ser más importante para ti que Dios, tu esposa y tus hijos. La razón de muchos divorcios es que la gente tiene las prioridades en el orden equivocado. Claro, tu trabajo, pasatiempo o ministerio deben ser muy importantes para ti, y debes hacer lo mejor que puedas, pero jamás deben ser más importantes para ti que las primeras tres prioridades.

Escrituras Poderosas

El arsenal de Dios de escrituras de poder es más de lo que necesitas. No puedo mencionarlas todas, mucho menos explicarlas. Sin embargo, voy a mencionar algunas para que puedas defenderte de los dardos de fuego del enemigo (Efesios 6:16). No se necesita mencionar que sin fe es imposible agradar a Dios (Hebreos 11:6), y que sin ella ninguna de las escrituras te dará resultados.

Santiago 4:7: "Sométanse a Dios, resistan al Diablo, y éste les huirá." Significa exactamente lo que dice. Tienes poder sobre el Diablo. El te teme; tú no debes temerle a él. Isaías 54:17 dice, "Toda arma forjada contra ti, no prosperará..." El enemigo te va a atacar de seguro, pero lo puedes derrotar con la palabra de Dios. En 1 Juan 4:4, Jesús nos dice, "Hijitos, ustedes son de Dios, y los han vencido; porque el que está en ustedes es más grande que el que está en el mundo." El Espíritu Santo vive en ti, y si El está contigo y lucha por ti, no importa quién venga contra ti. En Hebreos 13:6, la escritura dice, "El Señor es mi ayudador; no temeré. ¿Qué me puede hacer el hombre?" Si el demonio y todos sus diablos te atacaran, tú ganarías porque Dios estaría contigo (Salmo 118:6). No hay nada que temer.

En Filipenses 4:13, la palabra de Dios nos dice: "Todo lo puedo en Cristo que me fortalece." No hay asterisco que diga, "Todo lo puedo con la excepción de..." No menciona excepciones. Puedes superar cualquier obstáculo que te salga. Lucas 10:19 nos dice: "He aquí les doy potestad de pisotear serpientes, escorpiones, y toda la fuerza del enemigo, y nada los dañará." Jesucristo claramente declara

que te da poder sobre todo el poder de cualquier enemigo que pueda oponerse a ti.

En Romanos 8:37, puedes descubrir que por medio de Dios eres más que vencedor. Zacarías 4:6 te deja saber que la victoria no te llega por ejército ni por fuerza, sino por el Espíritu de Dios. Dios te da la victoria si le eres fiel. Si no permaneces en El, no puedes clamar esas escrituras poderosas, porque todas sus promesas son condicionales. En otras palabras, si cumples con las condiciones, puedes clamar las escrituras, y Dios hace lo demás.

Puedes asegurarte que Dios siempre cumplirá su palabra, sus promesas, y sus escrituras, porque El no puede cambiar. El es igual ayer, hoy, y para siempre (Hebreos 13:8). Por medio del profeta Isaías (Isaías 55:11), El nos dice que su palabra no le volverá vacía, que hará su voluntad, y que cumplirá su misión. Luego, en Isaías 4:8, la biblia nos dice: "La hierba se seca, la flor se cae: mas la palabra de Dios permanece para siempre." Esas tres escrituras te garantizan que si eres su hijo/hija, clamas sus promesas (escrituras), y si has cumplido con las condiciones, tu oración u oraciones recibirán respuestas.

No Tengo Talentos

Tal vez estés pensando, "Me gustaría servir a Dios, pero no tengo talentos, y no sé por donde empezar." No eres el único. Todos hemos pasado por ahí. Lo que sucede es que Dios no anda buscando gente talentosa, sino gente disponible. Si tú le oras a Dios que te utilice, El va a enseñarte talentos escondidos que tal vez nunca los hayas usado, y es muy posible que ni sepas que los tienes. Pero, ¿sabes qué? Dios te ayudará a desarrollarlos para que los uses para hacer su voluntad.

Muchas personas pasan la vida sufriendo, porque se preocupan mucho por lo que quisieran tener, y no le dan importancia a lo que tienen. No caigas en esa trampa. Si ya has caído ahí, líbrate de ella. No todos los talentos son de las bellas artes. No tienes que tener buena voz para cantar, tocar un instrumento musical, saber dibujar bien, ser rico, ni tener otros talentos reconocidos por la sociedad. Dios no mira lo que el hombre mira. El mira el corazón del hombre, no lo físico. Si no fuera así, yo no hubiera escrito este libro.

Dios busca personas sinceras que simplemente estén disponibles para servirle. ¿Qué puedes hacer? Simplemente, toma tiempo para leer su palabra, orar, y alabarlo. Dios te va a presentar oportunidades para que puedas servirle. No va a ser difícil. Tú vas a poder hacerlo, y te va a dar mucha satisfacción.

¡¡Buena Suerte!!

Ojalá que este libro te haya aclarado muchos de los conceptos erróneos que hayas tenido de Dios o de su palabra. No importa dónde estés en tu vida espiritual, cuánto sepas de la palabra de Dios, o cuánta fe tengas, si comienzas a poner en práctica los principios espirituales que aprendiste de este libro, vas a comenzar a ver resultados inmediatamente, porque Dios se va a hacer más real para ti día tras día. ¡Dios te bendiga! Espero verte en el cielo por toda una eternidad. Cariñosamente en Cristo, Raúl Ledesma.

Sobre El Autor:

Vio a Jesucristo en una visión. Se graduó de la universidad con énfasis en literatura hispana. Escribió, editó y publicó un periódico bilingüe (español/inglés) por seis años.

Enseñó español e inglés en la escuela secundaria por treinta años. Actualmente tiene un programa cristiano en español por la televisión en Reno, Nevada donde vive con su familia.